PARIS
MÉDAILLÉ

PAR

CHARLES VIRMAITRE

Paris. L. GENONCEAUX, éditeur

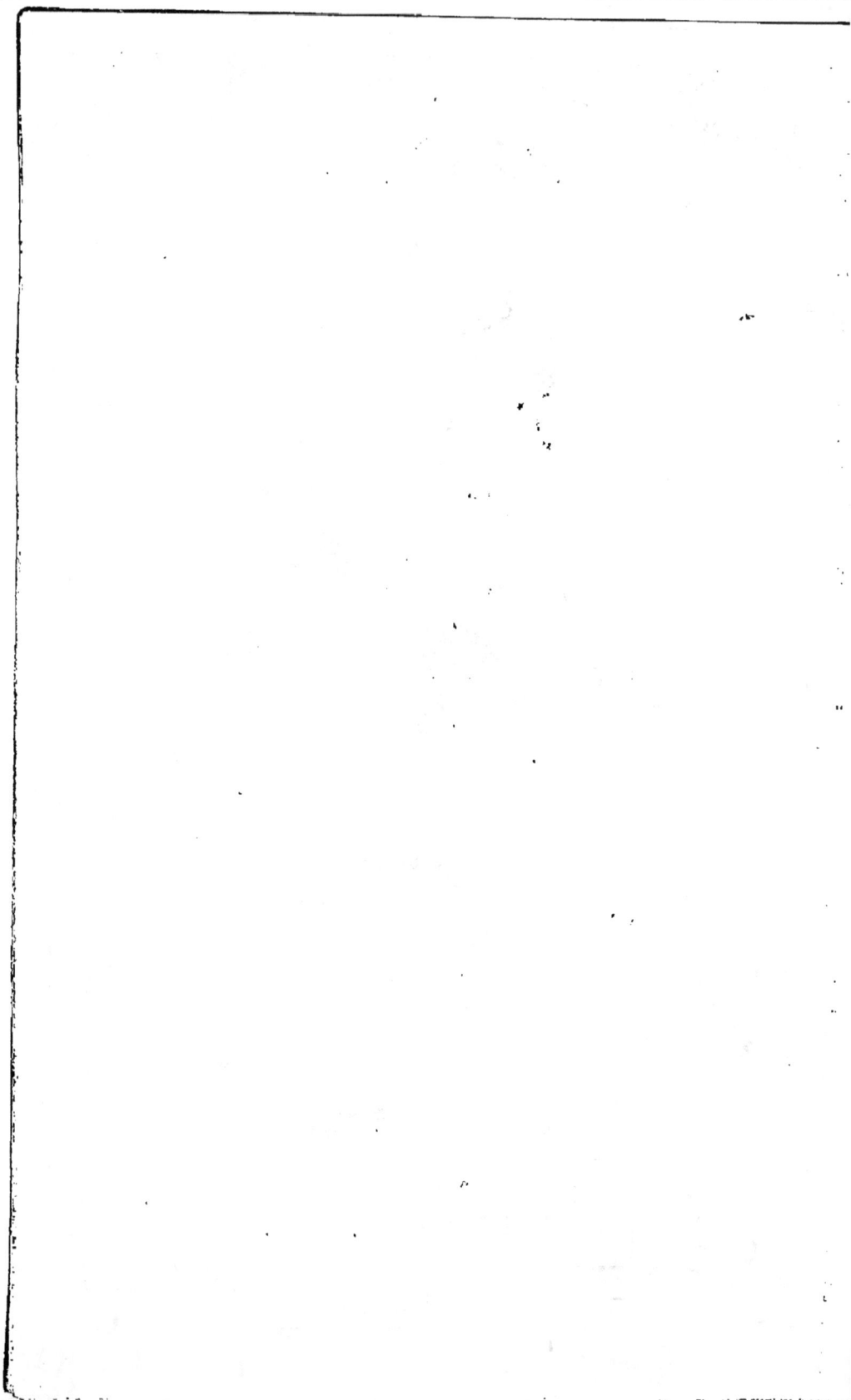

PARIS-MÉDAILLÉ

OUVRAGES DU MÊME AUTEUR

Les Curiosités de Paris.
La Commune de Paris en 1871.
Les Sauterelles rouges.

Les Jeux et les Joueurs.
Les Virtuoses du trottoir.
Les Mémoires secrets de Troppmann.

PARIS-DOCUMENTAIRE

VOLUMES PARUS

Paris-Oublié.
Paris-Police.
Paris-Boursicotier.
Paris-Palette.
Paris-Galant.

Paris-qui-s'efface.
Paris-Escarpe.
Paris-Canard.
Paris-Impur.

POUR PARAITRE SUCCESSIVEMENT

Paris-la-Nuit.
Paris-Ambulant.
Paris-Dompteur.
Paris-Mastroquet.
Paris-Brasserie.
Paris-Bastringue.
Paris-Cabotin.
Paris-Palais.
Paris-Brocanteur.
Paris-Gargantua.
Paris-Canotier.
Paris-Tripot.
Paris-Faiseur.
Paris-à-table.

Paris-Mendigo.
Paris-Prison.
Paris-Cocu.
Paris-Escrime.
Paris-qui-s'éveille.
Paris-Toqué.
Paris-Musicien.
Paris-Plaideur.
Paris-Domestique.
Paris-Gavroche.
Paris-Borgia.
Paris-Badaud.
Paris-Huissier.

EN COLLABORATION

Les Maisons comiques. | Paris-Croquemort.
Ces Dames du grand monde.

PARIS - MÉDAILLÉ

PAR

Charles VIRMAITRE

PARIS
LÉON GENONCEAUX, ÉDITEUR
3, RUE SAINT-BENOÎT, 3
1890

—

PRÉFACE

EN 1841, 1842, le quartier Popincourt était un centre exclusivement ouvrier, il formait une ville dans la ville; aux heures des repas, surtout, le tableau était des plus pittoresques.

Tous les trottoirs étaient envahis par les apprentis mécaniciens, les tireurs de papier peint et les rattacheurs des filatures et usines du quartier.

Tout ce petit monde de travailleurs, mâles et femelles, étaient étendus, en long, en large, sur les dalles, en haillons, nus-pieds, barbouillés de noir, de vert, de rouge, mangeant stoïquement, quelque temps qu'il fit, des pommes de terre frites ou des trognons de salade de romaine, sans assaisonnement.

On ne pouvait faire un pas sans être accueilli par des lazzis, des quolibets salés, essentiellement parisiens, ces messieurs et ces demoiselles étant la fine fleur des Titis

du boulevard du Temple, les habitués des Funambules
et du Lazzari.

Quand je passais pour me rendre à l'école — trois francs
par mois, s'il vous plaît — mon petit panier d'osier au
bras, contenant deux tartines de raisiné. de graisse d'oie
ou de mélasse, pour ma journée, les gamins, malgré
qu'ils fussent habitués à me voir circuler, chaque jour, à
la même heure, me criaient :

— Ohé! v'là l'décoré qui passe, il a un autre ruban!

Et comme, pour plus de commodité (il n'y avait pas
de bonne à l'école), ma culotte était fendue par derrière,
ma chemise souvent passait, les gamines effrontées ajou-
taient :

— La nappe est mise, c'est pas chouette pour porter la
croix !

Moi, je passais fièrement, sans daigner détourner la
tête; le morceau de fer-blanc attaché sur ma blouse me
faisait croire supérieur à ces pauvres petits.

Pourquoi donc avais-je toujours la croix ?

Mon père était établi forgeron, les terrains alors n'é-
taient pas chers, ma mère élevait des poules, des canards,
des lapins; chaque samedi, dans mon panier, elle y glis-
sait quelque chose qu'elle envoyait à la maîtresse d'école,
et, le soir... j'avais la croix.

C'était vraiment prodigieux, et je m'explique l'étonne-
ment des apprentis; six œufs, la croix de sagesse ; la
douzaine, la croix d'écriture; la moitié d'un lapin, la
croix d'histoire; le lapin entier, la croix de mérite; un
poulet, la croix d'excellence; j'avais donc la croix chaque
semaine et j'avais six ans!

Ma mère avait fini par prendre la chose au sérieux, elle ne voulait pas croire que ses petits cadeaux fussent pour quelque chose dans la distribution des croix aux écoliers; elle attribuait cette distinction à mon mérite exceptionnel, je passais dans le quartier pour un petit phénomène, et quand mon brave homme de père, le dimanche, m'emmenait au *Lapin sauté* ou au *Sureau sans pareil*, il me montrait avec orgueil à ses camarades d'atelier, en leur disant :

— C'est mon fils!

Tout comme le père Léotard, au Cirque d'hiver.

Ce souvenir lointain m'est revenu en mémoire, en lisant les polémiques ardentes soulevées par l'incident Bouguereau-Meissonier.

Des médailles!

Pas de médailles!

Des médailles, dit M. Bouguereau, pour ceux qui ont besoin d'être encouragés et désignés à la foule par les suffrages d'artistes éminents.

Pas de médailles, disent MM. Meissonier et son comité, parce que... nous les avons toutes!

Tous ont raison.

Cette question des médailles, qui n'a l'air de rien en elle-même, est très importante; elle touche au caractère français d'une façon intime.

Est-ce que depuis l'enfant qui se croit un dieu avec sa croix en fer-blanc, jusqu'à M. Meissonier, qui s'imagine, par la grand-croix de la Légion d'honneur, avoir été récompensé pour tous les artistes français, tous n'ont point besoin d'une distinction pour des intérêts différents?

Mon Dieu si.

Il n'y a qu'un malheur, c'est que le ruban est devenu une monnaie entre les mains des gouvernements, qui récompensent le plus souvent, par ce moyen économique (une simple signature), de honteux services et rarement le mérite.

Je ne parle pas de l'armée.

A moins de réformer de fond en comble la société et de déclarer que celui qui ne sera pas décoré sera le seul distingué ; je ne vois pas l'intérêt qu'il y aurait pour personne à abolir les distinctions honorifiques.

Il ne faut, d'abord, pas confondre une distinction accordée par un ministre, sur des sollicitations pressantes, à des protections puissantes, avec les médailles décernées aux artistes, pour ainsi dire publiquement.

Ce ne sont pas les critiques d'art qui désignent les œuvres des artistes au jury ni qui les imposent au public, au monde des connaisseurs.

En matière d'art, la critique s'est avilie par son mercantilisme, trop connu des tributaires, et pas assez, malheureusement, du public, de la masse.

La critique ne sert pas à grand'chose, surtout depuis l'effroyable multiplication des journaux et de la facilité qu'il y a de s'y introduire pour y *faire le Salon*, surtout si c'est à l'œil.

Le Salon écrit est devenu une réclame.

Un artiste préféré dans le *Figaro*, à qui on accorde une valeur à cause de sa publicité, deux lignes malveillantes, que vingt-cinq lignes dans le *Petit Journal* et dix lignes dans le *Soleil*, que cent lignes dans la *Presse!*

C'est donc bien de la réclame pure et simple !

Je sais bien que les critiques répondent, pour justifier leur existence et prouver leur utilité :

— Mais Manet ne serait pas connu, Claude Monet n'aurait pas un nom, sans la presse.

Question plus que discutable, parce que les artistes compétents, qui le sont assurément plus que les critiques, ne sont pas encore d'accord aujourd'hui sur la valeur de ces deux peintres.

Mais on peut être un parfait idiot et avoir *un nom* ; on peut être un homme de grand talent et rester ignoré toute sa vie, si l'on n'a pas *les moyens*.

Il est facile d'avoir *un nom*, puisque, moyennant vingt francs la ligne, on peut chaque jour faire chanter ses louanges, en première page, dans les trois ou quatre grands journaux qui tiennent le haut du pavé parisien.

Quand je dis qu'il est facile de s'ériger en censeur, de devenir critique d'art, je le prouve :

Il y a deux ans, le directeur d'un grand journal parisien s'était attaché un jeune homme pour faire les *Echos*. Ce garçon avait travaillé quelque temps dans un atelier de peinture ; il avait dû, sur les conseils de son professeur, un homme intègre, abandonner la palette, parce qu'il n'aurait jamais fait qu'un mauvais barbouilleur.

A l'ouverture du salon, le directeur en question le fit appeler :

— Vous êtes peintre, lui dit-il.

— Parfaitement.

— Eh bien, cette année, vous me ferez le Salon.

Voilà le critique en campagne ; il commença ses

comptes-rendus ; je cueille cette perle dans l'un deux :

— .....Arrêtons-nous un instant devant *le Poète* 1109, et devant *la Soif* 1110, de M. Gérôme ; ce n'est pas trop mal, mais M. Gérôme n'a pas tenu ce que nous étions en droit d'espérer. Il suivra sans doute ce conseil : étudiez mieux vos sujets, nous vous attendons à l'année prochaine.

Cela dépasse les bornes de l'outrecuidance.

Voyez-vous d'ici le bon bourgeois de province discutant le Salon, et, finalement, à bout d'arguments, dire ceci :

— Gérôme n'a pas de talent, c'est dans mon journal !

Dans la question des médailles, les « critiques d'art » n'ont pas, pour la plupart, pris parti pour ou contre, ils ont été très réservés.

Cela s'explique facilement.

Ils ne voulaient pas, d'un côté comme de l'autre, donner tort ou raison à personne, parce que les petits tableaux entretiennent l'amitié, qu'ils soient médaillés ou non.

Pourtant, au fond, ils préfèrent les médaillés, ils se vendent plus facilement et plus chers.

A ce sujet, j'ai consulté plusieurs grands marchands de tableaux, ils sont d'un avis unanime.

Ces avis ont une importance extrême, car tous les jours, ils sont à même de constater la différence qu'il y a entre les œuvres d'un peintre médaillé et celui qui ne l'est pas.

Un amateur voit une toile à la vitrine d'un marchand ; il entre dans la boutique, son premier mot est celui-ci :

— Cette toile est-elle signée ?

Le second :

— Le peintre expose-t-il ?

Le troisième :

— Est-il récompensé ?

Suivant la réponse, le prix varie, et cela est absolument juste.

La foule, la masse, clame, acclame, proclame, mais ne discute pas ; elle a besoin d'être guidée, surtout en matière d'art ; or, si dix, quinze, vingt artistes distinguent une œuvre entre deux ou trois mille, accordent une récompense, il est absolument certain que, tant que le peintre récompensé jouira de ses facultés, il ne fera pas mauvais, qu'au contraire il progressera ; dans ce cas, la récompense est plus qu'un encouragement : Médaille, comme noblesse, oblige.

On répond : Oui, c'est très bien de décerner une médaille, mais le récompensé s'endort sur ses lauriers. C'est une erreur, et une grande ; la médaille n'est pas un brevet de talent à perpétuité. Je connais plus d'un médaillé, que je ne veux pas nommer, qui sont tombés à fabriquer des tableaux de commerce. Ils ont, un jour d'inspiration, produit une œuvre, le jury leur a décerné justement une récompense, ils n'ont pas eu le souffle, la vigueur de persévérer ; ils ont beau être médaillés, ils ne se vendent plus.

Donc, la récompense ne sert qu'à la condition que le récompensé continue à avoir du talent.

Quand on parle de médaille, tout le monde sourit, parce qu'en France tout le monde est médaillé.

Les marchands de fromages, les marchands de cochons, ont des médailles, des récompenses aux Concours Agricoles, il y a même une décoration spéciale ! le Mérite Agricole, ce qui fait qu'on peut dire à un éleveur, sans le froisser :

— Tu portes le ruban que ton cochon a gagné.

Les médecins et les pharmaciens ont des médailles pour la préparation d'un onguent contre la gale ou d'une solution pour détruire le ver solitaire.

Les vieux ouvriers qui ont été bien sages pendant trente ou quarante ans, reçoivent en récompense des médailles.

Les commissionnaires, les députés, les marchands des quatre-saisons, les sénateurs, les forts de la Halle, les conseillers municipaux, les chiffonniers, les marchands d'habits, les joueurs d'orgue ambulants, les chanteurs des rues, les marchands de peaux de lapins ont tous des médailles.

Les coiffeurs, les tailleurs, ont des académies qui leur décernent des médailles !

Les sociétés de secours mutuels, les gymnastes, les sociétés de tir, les orphéons, les fanfares, les sociétés chorales, les philarmonies ont des médailles, des palmes, des couronnes.

Les sociétés de sauveteurs sont chamarrées de médailles, à part la médaille officielle au ruban tricolore, car celle-là se gagne, ils les achètent ; les diplômes coûtent de huit à douze francs en Belgique. Le jour de la Saint-Nicolas, ils se pavanent fièrement, la poitrine couverte de rubans multicolores ; il n'y en a pas, parmi eux, un sur dix qui ait sauvé une mouche tombée dans une jatte de lait.

Les lutteurs ont des médailles.

Soulouque lui-même, à son avènement, avait créé une décoration; seulement, comme ses soldats n'avaient pour tout vêtement qu'un caleçon de bain, il eut été difficile de la leur attacher sur la poitrine.

Les charcutiers, les bouchers, les marchands de poudre à punaise, et pour ainsi dire toutes les professions, sont médaillées.

Il existe un entrepreneur d'expositions industrielle, maritime, culinaire, gastronomique et internationale, qui a un tarif :

Diplôme d'honneur . . .	5oo francs	
Médaille d'or.	3oo	»
Médaille d'argent. . . .	2oo	»
Mention honorable. . . .	1oo	»

Eh bien ! croirait-on que cet individu, qui a eu l'idée géniale de se faire des rentes avec la vanité humaine et l'imbécilité de ses contemporains, refuse du monde à ses expositions par l'appât qu'ont les exposants, même en la payant, d'obtenir une récompense.

Cela fait si bien sur un prospectus ou sur la glace d'une devanture : *sept diplômes d'honneur* pour mes biberons incassables; *médaille d'or* pour la spécialité des andouilles; *médaille d'argent* pour mes irrigateurs à musique; *mention honorable* pour linceul perfectionné.

Les instituteurs et les gens de lettres ont les palmes

académiques, mais cela n'implique pas que ceux qui les portent exercent ces deux professions ; on les décerne à des entrepreneurs de bâtisses, à des gargotiers, à des gniafs, à tous les pleurards possibles et impossibles qui consentent à les mendier.

J'en connais un qui a obtenu les palmes pour avoir reconduit à son domicile un député abominablement pochard, qui tournait depuis deux heures autour du bassin de la place Pigalle, prétendant que les fils de fer qui entourent la fontaine l'empêchaient de trouver sa route !

C'est toutefois moins extraordinaire qu'un camelot, condamné jadis pour avoir, dans un méchant canard, travesti ce vers de *Polyeucte* :

Et le désir s'accroît quand les faits se reculent.

Il a les palmes académiques pour services rendus à la littérature !

Et bien, ce crétin est dépassé par ceci, que je garantis authentique :

Le père d'un de nos journalistes les plus en vue était inspecteur de balayage : sa mission consistait à suivre gravement les balayeuses mécaniques qui, chaque matin, font la toilette des rues de Paris.

Ce brave homme avait une toquade : les palmes académiques ; il en perdait le boire et le manger. Il affirmait avoir des titres à la reconnaissance du gouvernement pour avoir, pendant trente années, présidé au balayage du crottin.

Il était sans cesse sur le dos de son fils.

— Toi qui est bien en cour, fais-moi avoir les palmes, lui disait-il; je vais partir au pays, cela fera bien.

C'était tous les jours la même scie.

Enfin, on approchait du mois de janvier; on était, je crois me souvenir, au 25 décembre. Le journaliste, lassé par le bonhomme, pria un de ses amis d'aller voir le ministre de l'Instruction publique et de lui demander les palmes académiques pour son père.

L'ami alla au ministère.

— Mais les listes sont closes, lui dit le ministre; d'ailleurs, qu'a-t-il fait?

— Il a balayé pendant trente ans les rues de Paris!

— C'est un titre insuffisant.

— Oh! il en a un autre, il est le père de son fils, M. X...

— Ça, c'est une raison, mais, je vous le répète, les listes sont closes, ce sera pour le 14 juillet prochain.

Le messager revint porter la réponse au journaliste. Le père était présent, attendant avec anxiété.

— Comment, dit-il à son fils, toi, qui soutiens le gouvernement, tu n'as pas plus d'influence que ça; c'est à dégoûter de la servilité. Voyons, vas-y toi-même.

L'ami retourna le lendemain au ministère; il embêta le ministre à un tel point que celui-ci, impatienté, ouvrit un tiroir de son bureau, y prit un écrin qui contenait les fameuses palmes et les lui donna en lui disant:

— Les listes sont closes, mais qu'il porte quand même les palmes, on ne lui dira rien, sa nomination paraîtra à l'*Officiel* le 14 juillet prochain.

En effet, à cette date, on lisait dans le *Journal officiel*:

Palmes académiques : Agénor X..., trente années de services consécutifs dans... l'enseignement.

La mention n'ajouta pas... de balayage.

Cette course au ruban s'explique par le besoin qu'éprouvent les imbéciles à vouloir paraître être quelque chose, dans l'espérance qu'on les prendra pour quelqu'un ; mais peut-on comparer toutes ces médailles à celles décernées aux artistes peintres ?

Assurément non !

Les récompenses décernées aux artistes ne se portent pas, donc la vanité puérile n'est pas le mobile qui fait chercher à les obtenir, et on ne saurait trop en décerner si elles sont un stimulant nécessaire pour faire sortir de la foule des talents destinées à illustrer la France et les arts.

PARIS-MÉDAILLÉ

I

L'IDÉE d'association remonte au moyen âge. De là naquirent les corporations, les jurandes, les maîtrises, qui, sous différents titres, étaient des sociétés de secours et d'encouragement; le compagnonnage, malheureusement disparu, a laissé des traces profondes dans les souvenirs des anciens.

1

Il était naturel que les artistes d'alors imitassent l'exemple des ouvriers des différents corps d'états ; ils se groupèrent sous la protection de différentes sociétés. Malheureusement, toutes les choses excellentes en elles-mêmes deviennent mauvaises par l'abus d'autorité qu'en font les dirigeants ; c'est pourquoi, plus tard, l'Académie de France se constitua pour lutter contre les abus et les prétentions excessives des confréries et des maîtrises.

Les conditions à remplir pour faire partie des confréries, corporations et maîtrises, étaient celles-ci :

Il fallait deux degrés pour arriver à la maîtrise :

1° Cinq années d'apprentissage ;

2° Cinq années de compagnonnage.

La maîtrise s'obtenait au bout de dix ans, sur la présentation du chef-d'œuvre.

Les avantages retirés par les membres de ces associations étaient considérables.

Au point de vue individuel, les dix années d'apprentissage et de compagnonnage développaient toutes les facultés natives par un travail ininterrompu et une direction généralement intelligente.

Les chefs-d'œuvre conservés jusqu'à nos jours, principalement ceux de la corporation des orfèvres, témoignent de l'adresse, du goût et du génie des artisans formés par les corporations.

Chacun des membres de ces sociétés recueillait de l'association des avantages matériels, et, comme ces sociétés, les maîtrises avaient seules le droit d'exploiter le genre d'industrie qui leur était particulier ; elles formaient une personne civile, avaient des biens mobiliers et immobiliers, contractaient, acquéraient et plaidaient.

De nos jours, certaines rues ont conservé le nom qui était affecté à ces corporations : la rue des Orfèvres, la rue des Marchands, la rue de la Lingerie, la rue de la Ferronnerie, etc.

Une de ces maîtrises, dont les membres étaient en grande partie des artistes, s'était formée en confrérie et avait pris pour patron *Saint Luc*.

Ce nom est spécialement, en Italie et dans les Flandres, le patron des corporations artistiques.

Cette confrérie se trouve, depuis 1748, mêlée intimement à l'histoire de l'ancienne Académie royale de peinture et de sculpture, et aussi à l'histoire des expositions.

La Confrérie de Saint-Luc, rivale naturelle de l'Académie royale en voie de formation, et qui, par conséquent, allait lui ôter une partie de ses privilèges, fit tous ses efforts pour empêcher la fondation de cette Académie, et, pour lutter contre elle, elle organisa des expositions.

En 1751, elle parvint à en ouvrir une ; dans l'intervalle de vingt-trois ans, jusqu'en 1774, elle en eut sept.

Les Compagnons de Saint-Luc étaient seuls admis à faire figurer leurs ouvrages dans ces expositions, qui eurent un grand succès.

La Confrérie de Saint-Luc, quoique soutenue par de hautes protections, avait à sa charge tous les frais des dites expositions, frais qui étaient très lourds.

En 1776, les maîtrises, confréries et jurandes furent supprimées.

En 1648, plusieurs hommes de valeur, à la tête desquels était Lebrun, séduits par les résultats obtenus par les académies italiennes, conçurent l'idée de se grouper afin de résister aux prétentions sans cesse envahissantes des confréries et des maîtrises.

Ils obtinrent la protection du roi Louis XIV, qui leur donna l'autorisation de fonder une académie.

Cette forme particulière d'association devenait, par sa concentration, une réunion d'artistes plus choisie. Elle prospéra si bien, qu'on lui doit la plupart des grandes institutions en faveur des beaux-arts qui subsistent aujourd'hui : l'*Ecole des Beaux-Arts* et l'Ecole de France, à Rouen.

L'ancienne Académie royale a servi de modèle à toutes les académies d'art que l'Angleterre, l'Autriche, l'Espagne, la Russie, le Danube, en un mot, l'Europe entière, organisèrent au dix-huitième siècle, et dont la plupart sont encore prospères aujourd'hui.

Cette Académie était très libérale ; elle était ouverte et accessible à tous les talents ; elle acceptait même les étrangers.

Les expositions, leur origine, leur développement, sont intimement liés à l'existence des confréries et académies.

Pour étudier l'histoire des expositions, il faut remonter à l'Académie royale de peinture et de sculpture, fondée en 1648.

L'Académie royale avait, entre autres prérogatives, celle de faire les Salons.

L'idée de ces solennités remonte à 1663. Ce ne fut qu'en 1767 qu'elle se réalisa pour la première fois.

En 1748 apparaît, pour la première fois, un jury dont la mission était d'éliminer, après un examen attentif, les ouvrages qui lui semblaient inconvenants ou par trop faibles.

Ce jury était composé :

Du directeur de l'Académie,

De deux recteurs,

De deux adjoints,

De douze membres élus par les académiciens et pris parmi les professeurs et les conseillers de la Compagnie.

Ce jury ainsi constitué fonctionnait encore à la veille de la Révolution.

La durée des expositions était d'un mois ; la date d'ouverture était variable ; mais elle fut définitivement fixée par une flatterie délicate au 25 août, jour de la Saint-Louis, fête du roi, car c'était le roi qui faisait, sur sa cassette particulière, les frais des expositions, l'Académie, qui les supportait primitivement, n'ayant pu continuer à le faire.

Les livrets, dont l'origine remonte à 1673, se vendaient douze sols au profit de la Compagnie. Ces livrets n'avaient que quatre pages. (*Voir à l'Appendice.*)

Il n'était pas distribué de récompenses.

Les premiers Salons furent tenus tantôt au Louvre, dans le local affecté à l'Académie, tantôt au Palais-Royal.

A partir de 1737, ils occupèrent le salon carré du

Louvre, où ils s'ouvrirent tous les deux ans; et même tous les ans, pendant plus d'un siècle.

Ce Salon était loin de présenter l'aspect opulent qu'il a de nos jours: il faut croire que son apparence était des plus misérables, si l'on s'en rapporte aux vers suivants qui circulaient alors dans Paris :

> Il est au Louvre un galetas
> Où, dans un calme solitaire,
> Les chauves-souris et les rats,
> Viennent tenir leur cour plénière ;
> C'est là qu'Apollon sur leurs pas,
> Des Beaux-Arts ouvrant la barrière,
> Tous les deux ans, tient ses Etats
> Et vient placer son sanctuaire.

En 1776, eut lieu la première tentative d'exposition libre connue sous le nom d'*Exposition du Colysée*; c'était une manifestation posthume de l'Académie de Saint-Luc, qui venait d'être supprimée; elle eut un succès considérable, mais elle ne put être renouvelée, à cause de l'opposition qui se produisit de la part de l'Académie royale.

La Révolution ne se borna pas à bouleverser l'ordre politique, elle s'occupa aussi des artistes.

En 1791, l'Assemblée nationale admit tous les artistes, Français ou Etrangers, membres ou non de l'Académie, à exposer leurs ouvrages au Louvre.

Les quatre sections, Peinture, Sculpture, Gravure et Architecture, furent appelées à figurer pour la première fois dans les expositions.

Le ministre compétent fit les frais de ce Salon, comme de ceux qui suivirent.

Une très curieuse remarque : le Salon de 1793 fut formé des ouvrages exposés par les artistes qui composaient *la Commune générale des Arts*, c'est-à-dire par tous les artistes ; nous verrons plus loin que les fils de 1871 ne firent qu'imiter leurs pères de 1793.

Le Salon de 1795 présentait cette nouveauté, c'est que, divisé par sections, dans chacune d'elles les ouvrages étaient classés par ordre alphabétique.

Les dessins exécutés d'après les grands maîtres furent réunis dans la section de la Gravure ; il en fut de même qour les expositions qui suivirent jusqu'en 1798.

C'est au Salon de 1799 que les récompenses firent leur apparition, non point sous forme de médailles, mais les artistes dont les toiles avaient été appréciées furent honorés, comme distinction, de travaux d'encouragement.

Au Salon de 1800, il n'est pas question de récompenses officielles.

Pendant la période décennale de 1791 à 1800, les Salons dépendirent tantôt du ministère de l'Intérieur, tantôt du ministère de l'Instruction publique.

Tout s'y faisait administrativement ; ils constituèrent les premières Expositions d'État et inaugurèrent le régime qui, avec différentes modifications, a prévalu pendant de longues années.

Le Premier Consul, en 1803, donna à l'Institut le droit de diriger les expositions.

Sous l'Empire, de 1803 jusqu'en 1815, les récompenses commencèrent à être décernées à la fin de chaque Salon ; c'est à cette époque que remonte le *Prix décennal*.

De 1815 à 1830, la Restauration, voulant équilibrer plus justement les influences dans le jury, à qui on reprochait de n'être pas suffisamment impartial, adjoignit à l'Institut un certain nombre d'administrateurs et d'amateurs choisis.

À cette époque, c'était l'administration qui décernait les récompenses.

Les médailles étaient divisées en trois classes.

Sous le règne de Louis-Philippe, de 1830 à 1847, les Salons devinrent annuels. Le jury était composé des quatre sections de l'Académie des Beaux-Arts : Peinture, Sculpture, Architecture et Gravure.

Sous la République de 1848, les premières bases des associations d'artistes furent jetées ; mais devant des difficultés sans nombre, on dut y renoncer presque aussitôt.

Ledru-Rollin décida alors une exposition libre. 5181 ouvrages furent exposés ; la commission de placement fut élue par les artistes ; l'essai réussit mal ; il y eut un mécontentement général, et l'opinion demanda le retour à un jury ; c'est, du reste, à partir de 1848 que les médailles furent décernées par le jury.

En 1850, nouvel essai. L'administration composa deux jurys : l'un pour l'admission et l'autre pour juger les œuvres dignes d'être récompensées. Ce système ne produisit pas grand'chose de bon, car en 1852 et 1853, elle dut équilibrer les deux influences en réservant moitié des voix aux artistes et moitié à l'administration.

En 1853, le Salon qui, jusque-là, s'était tenu au Louvre et aux Tuileries, eut lieu aux *Menus-Plaisirs*.

En 1855, le Salon eut lieu dans un bâtiment provisoire, avenue Montaigne.

En 1857, on rendit le Salon à l'Institut.

C'est depuis 1858 que l'exposition de Peinture, qui prit le nom de Salon, a lieu chaque année au Palais de l'Industrie, du 1er mai au 30 juin.

En 1864, l'Institut fut remplacé par un jury élu, pour les trois quarts, par les artistes ; l'autre quart choisi par l'administration.

L'unité des médailles fut décidée.

C'est en 1870 que le ministère des Beaux-Arts fut créé.

Le jury fut alors exclusivement composé d'artistes élus par tous les exposants.

En 1871, sous la Commune, la Fédération des artistes voulait jouer un rôle politique ; Courbet avait organisé des réunions à l'Ecole de Médecine pour préparer les élections ; les élus voulurent siéger au Louvre, mais ils en furent empêchés par M. Barbet de Jouy, conservateur des Musées. Ils se réunissaient souvent et passaient leur temps à critiquer l'administration, tout en essayant de l'imiter. Ils discutaient des programmes, des règlements, nommaient des commissions, des sous-commissions, des quarts de commissions, des délégués, des sous-délégués ; tout le monde voulait être

1.

quelque chose; Courbet voulait fonder un journal,
l'*Officiel des Arts.*

Ce n'étaient pas des fonctions à l'œil; ils s'attribuaient
des indemnités sous toutes les formes : tant par séance,
tant par rapport, tant par délégation, tant pour frais
de bureau et même pour des pains à cacheter. Courbet
leur avait apporté 6,000 francs, mais cette somme avait
été vivement engloutie; à l'entrée des troupes françaises dans Paris, il leur était dû une assez forte
somme, que le gouvernement s'empressa de ne pas
leur payer; il est juste de dire qu'ils ne songèrent pas
à réclamer leurs jetons de présence.

En matière d'art, ils ne firent absolument rien que
d'accoucher de cette théorie : que la Commune était,
en matière d'art, le pouvoir exécutif, et la Fédération
le pouvoir législatif.

On lit dans le *Journal officiel* de la Commune, du
jeudi 6 avril 1871, l'appel suivant, adressé par Gustave Courbet, président des artistes, autorisé par la
Commune; il les invitait à se réunir, le vendredi suivant, dans le bâtiment de l'Ecole de Médecine :

La revanche est prise, Paris a sauvé la France du dés-
honneur et de l'abaissement. Ah! Paris. Paris a compris,
dans son génie, qu'on ne pouvait combattre un ennemi
attardé avec ses propres armes. Paris s'est mis sur son
terrain, et l'ennemi sera vaincu comme il n'a pu nous
vaincre. Aujourd'hui, Paris est libre et s'appartient, et la
province est en servage. Quand la France fédérée pourra
comprendre Paris, l'Europe sera sauvée.

Aujourd'hui, j'en appelle aux artistes, j'en appelle à leur

intelligence, à leur sentiment, à leur reconnaissance. Paris les a nourris comme une mère et leur a donné leur génie. Les artistes, à cette heure, doivent, par tous leurs efforts (c'est une dette d'honneur) concourir à la reconstitution de son état normal et au rétablissement des arts, qui sont sa fortune. Par conséquent, il est de toute urgence de rouvrir les Musées et de songer sérieusement *à une exposition prochaine*; que chacun, dès à présent, se mette à l'œuvre, et les artistes des nations amies répondront à notre appel.

La revanche est prise, le génie aura son essor; car les vrais Prussiens n'étaient pas ceux qui nous attaquaient d'abord. Ceux-là nous ont servi, en nous faisant mourir de faim physiquement, à reconquérir notre vie morale et à élever tout individu à la dignité humaine.

Ah! Paris, Paris, la grande ville, vient de secouer la poussière de toute féodalité. Les Prussiens les plus cruels, les exploiteurs du pauvre étaient à Versailles. La révolution est d'autant plus équitable qu'elle part du peuple. Ses apôtres sont ouvriers, son Christ a été Proudhon. Depuis dix-huit cents ans, les hommes de cœur mouraient en soupirant; mais le peuple héroïque de Paris vaincra les *mistagogues* et les tourmenteurs de Versailles; l'homme se gouvernera lui-même, la fédération sera comprise, et Paris aura la plus grande part de gloire que jamais l'Histoire ait enregistrée.

Aujourd'hui, je le répète, que chacun se mette à l'œuvre avec acharnement : c'est le devoir que nous avons tous vis-à-vis de nos frères soldats, ces héros qui meurent pour nous. Le bon droit est avec eux. Les criminels ont réservé leur courage pour la sainte cause.

Oui, chacun se livrant à son génie, sans entrave, Paris oubliera son importance, et la ville internationale européenne pourra offrir aux arts, à l'industrie, au commerce, aux transactions de toutes sortes, aux visiteurs de tous pays, un ordre impérissable, l'ordre par les citoyens, qui

ne pourra pas être interrompu par les ambitions mons-
trueuses de prétendants monstrueux.

Notre ère va commencer; coïncidence curieuse! c'est dimanche prochain le jour de Pâques; est-ce ce jour-là que
notre résurrection aura lieu?

Adieu le vieux monde et sa diplomatie! (1)

GUSTAVE COURBET

Voici les noms de la Fédération des artistes, élus
au Louvre, le 17 avril 1871, tels qu'ils furent publiés
dans le *Journal officiel* de la Commune, le 12 avril
1871 :

FÉDÉRATION DES ARTISTES DE PARIS

PEINTRES

Bonvin.
Corot.
Courbet.
Daumier.
Durbec (Armand).
Dubois (Hippolyte).
Feyen-Perrin.
Gautier (Amand).

Glück.
Héreau (Jules).
Lançon.
Leroux (Eugène).
Manet (Édouard).
Millet (François).
Oulevay.
Picchio.

SCULPTEURS

Becquet.
Chapuy (Agénor).
Dalou.
Lagrange.
Lindencher (Edouard).

Moreau-Vauthier.
Moulin (Hippolyte).
Ottin.
Poitevin.
Deblézer.

(1) Lire dans l'Appendice la reproduction exacte des documents
officiels.

ARCHITECTES

Boileau fils.
Delbrouck.
Nicolle.

Oudinot (Achille).
Raulin.

GRAVEURS-LITHOGRAPHES

Bellenger (Georges).
Bracquemond.
Flameng.

Gill (André).
Huot.
Pothey.

ARTISTES INDUSTRIELS

Aubin (Emile).
Boudier.
Chabert.
Chesneau.
Fuzier.

Meyer.
Ottin fils.
Pottier (Eugène).
Reiber.
Riester.

Cette commission entra immédiatement en fonctions.

Le Salon qui devait régénérer l'art français n'eut pas lieu.

En 1872 et 1873, l'élection du jury fut confiée aux artistes récompensés; en 1879, on donna le droit d'élection à ceux qui avaient exposé trois fois.

En 1880, une mesure plus libérale fut appliquée aux artistes, car il suffit d'avoir exposé une fois au Salon, pour que l'artiste eût le droit de voter.

Sur un vœu émis par le Conseil supérieur des Beaux-Arts, dans sa séance du 13 décembre 1880, sur la proposition du sous-secrétaire d'Etat du ministère des Beaux-Arts, le président du Conseil, Ministre de l'Instruction publique et des Beaux-Arts, prit l'arrêté suivant :

ARTICLE 1er. — Les artistes Français, peintres, sculpteurs, graveurs, architectes, ayant été admis une fois à l'exposition annuelle des artistes vivants, sont convoqués pour le mercredi 12 janvier, à l'effet d'élire un Comité de 90 membres, qui réglera, D'ACCORD AVEC L'ADMINISTRATION DES BEAUX-ARTS, les conditions suivant lesquelles se fera l'exposition de 1881.

ART. 2. — Le Comité sera élu par section, au scrutin de liste, à la majorité relative des votants.

La première section, dite de peinture comprendra la peinture, le dessin, les pastels, aquarelles, émaux, cartons de vitraux et vitraux, et élira 50 membres.

La deuxième section, dite de sculpture, comprendra la sculpture, la gravures en médailles et sur pierres fines et élira 20 membres.

La troisième section, dite d'architecture, élira 10 membres.

La quatrième section, dite de gravure, comprendra la gravure et la lithographie, et élira 10 membres.

ART. 3. — Le scrutin ouvrira au Palais des Champs-Elysées, le mercredi 12 janvier, à 8 heures du matin et sera clos à 4 heures du soir.

Les artistes électeurs seront admis à voter sur la présentation de leur carte électorale et apposeront leur signature sur un registre spécial. Chacun déposera dans l'urne de sa section un bulletin portant le nom des membres choisis par lui.

Les électeurs qui, domiciliés hors de Paris, ou absents momentanément de cette ville, ne pourraient venir en personne voter au jour indiqué plus haut, pourront adresser par la poste, et jusqu'au 11 janvier, à M. le sous-secrétaire d'Etat des Beaux-Arts, *au Palais des Champs-Elysées*, un pli cacheté signé d'eux, contenant leur carte électorale et leur bulletin de vote également cacheté.

Ces votes seront mentionnés sur le registre des électeurs.

ART. 4. — Le dépouillement du scrutin aura lieu le jour

même du vote, à 4 heures du soir, après la clôture des urnes; il sera fait par des fonctionnaires de l'Administration des Beaux-Arts et en présence des artistes qui voudraient assister à cette opération.

En cas de non acceptation d'un ou de plusieurs des membres élus, ils seront remplacés par les membres qui viendront après dans l'ordre des suffrages.

Art. 5. — Le sous-secrétaire d'État au Ministère de l'Instruction publique et des Beaux-Arts est chargé de l'exécution du présent décret.

Fait à Paris, le 27 décembre 1880.

JULES FERRY.

A la suite de ce décret, il fut procédé, le mercredi 12 janvier, à l'élection des membres du Comité des 90.

Il nous a paru intéressant de reproduire ces noms, qui empruntent une importance en raison des faits qui se passent aujourd'hui.

SECTION DE PEINTURE

50 membres à élire

MM. Bonnat. — Henner. — Puvis de Chavannes. — Jules Lefebvre. — J.-P. Laurens. — Harpignies. — Vollon. — J. Breton. — Carolus-Duran. — BASTIEN-LE-PAGE. — Busson. — Bouguereau. — Delaunay. — Barrias. — DE NEUVILLE. — CABANEL. — FEYEN-PERRIN. — BAUDRY. — Duez. — De Vuillefroy. — G. BOULANGER. — Ribot. — Roll. — Hannoteau. — Cormon. — Mo-

reau. — Gervex. — Humbert. — Mazerolle. — LA-
LANNE. — Guillemet. — Français. — Fantin-Latour.
— Benjamin Constant. — PROTAIS. — Detaille. —
Luminais. — Bin. — Emile Lévy. — Rapin. — Lan-
syer. — BONVIN. — BUTIN. — Cazin. — Van Marcke. —
Lerolle. — GUILLAUMET. — Lavieille. — J. Dupré. —
Henri Lévy.

MM. J. Breton, Delaunay, Baudry, Ribot, Guillau-
met, n'ayant pas accepté, ont été remplacés par
MM. Pelouse. — L.-O. Merson. — Bernier. — Pille.
— T.-Robert Fleury.

M. L.-O. Merson, ayant refusé, a été remplacé par
M. COT.

SCULPTURE

20 membres à élire

MM. P. Dubois. — Chapu. — Mercié. — Frémiet. —
Falguière! — SCHŒNEWERK. — Math. Moreau. — Tho-
mas. — HIOLLE. — Cavellier. — Guillaume. — Barrias.
— Delaplanche. — Millet. — Degeorge. — Captier. —
Dumont. — Galbrürner. — Tony Noel. — Allar.

MM. Dumont, n'ayant pas accepté, fut remplacé par
M. Iselin.

ARCHITECTURE

10 membres à élire

MM. Vaudremer. — Lisch. — BALLU. — Boeswil-
wald. — RUPRICH-ROBERT. — Baudot. — Ch. Garnier.
— Bailly. — Coquart. — BRUNE.

GRAVURE ET LITHOGRAPHIE

10 membres à élire

MM. Jules Laurens. — Bracquemond. — Didier. — GAILLARD. — Laguillermie. — Gilbert. — Boilvin. — Rousseau. — Henriquel Dupont. — J. Robert (1).

M. Gaillard, n'ayant pas accepté, fut remplacé par M. Leveillé.

Le 17 janvier 1881, le Comité de 90 membres nommé par les artistes, se réunit pour la première fois au Palais de l'Industrie.

A l'ouverture de la séance, M. Edmond Turquet, sous-secrétaire d'Etat, lut la déclaration suivante ; en remettant le Salon aux mains des artistes :

Le Conseil supérieur des Beaux-Arts, vous le savez déjà, reconnaissant la nécessité de rendre aux expositions officielles l'éclat et l'intérêt qu'on est en droit de leur demander, a émis le vœu que, dorénavant, ces expositions, comprenant la production choisie de plusieurs années, n'eussent lieu qu'à des dates éloignées.

Tout en s'efforçant d'assigner ses véritables limites à la haute protection que l'Etat peut exercer vis-à-vis de l'art, le Conseil ne pouvait oublier les intérêts des artistes, dont l'activité, chaque jour croissante, honore et enrichit notre pays. Ces intérêts, respectables et multiples, ne peuvent, on l'a reconnu, trouver leur satisfaction entière que dans les expositions annuelles, d'un accès plus facile. Le Conseil a

---

(1) Les noms en petites majuscules sont ceux des premiers membres du jury morts depuis la fondation de la Société.

donc pensé qu'il fallait maintenir le principe de ces expositions ; mais il a en même temps reconnu que l'État n'avait
pas à y intervenir directement, et que nul ne pouvait, aussi
bien que les intéressés, les organiser au mieux de leurs intérêts. Il a proposé à M. le Ministre d'en offrir la gestion
libre et complète, la gestion matérielle et pratique à tous les
artistes français.

C'est pour donner suite à ce vœu que j'ai invité tous les
artistes français, dont le nom est inscrit sur les livrets du
Salon, à nommer un Comité de quatre-vingt-dix membres,
et que je viens aujourd'hui vous confirmer, au nom de M. le
Ministre, les pouvoirs qui vous sont donnés par l'élection de
vos confrères.

La mission que vous avez à remplir est simple et précise.
Vous avez à prendre en main la gestion libre et entière, matérielle et artistique des expositions annuelles, aux lieu et
place de l'Administration. L'État n'interviendra plus dans
vos affaires qu'à titre gracieux, si vous le désirez, par la
cession temporaire d'un local, dans les conditions déjà
faites à d'autres sociétés.

Vous aurez tous les bénéfices de l'entreprise ; vous en aurez, comme il est juste aussi, toutes les charges. Les recettes
seront encaissées par vous, les dépenses seront réglées par
vous ; vous serez seuls les maîtres de fixer le nombre et la
valeur des récompenses que vous jugerez à propos de décerner au nom de votre association. S'il y a quelques difficultés dans une première organisation, elles sont moindres
qu'on ne se l'imagine ; en tous cas, ce ne sont point des
difficultés de nature à effrayer une association qui compte
dans son sein tant d'hommes supérieurs accoutumés à diriger
des entreprises autrement longues et compliquées, ni à vous
faire renoncer aux avantages considérables d'une liberté
qui permettra à votre corporation de conquérir, en peu de
temps, une situation aussi indépendante que celle dont
jouissent déjà, grâce à des efforts pareils, la Société des

Gens de lettres et la Société des Auteurs dramatiques.

Vous avez encore tout le temps nécessaire pour vous organiser, c'est-à-dire pour établir votre acte de société, choisir votre Conseil d'administration, former votre capital social, élaborer votre Règlement, nommer votre personnel. Il suffit que vous soyez prêts à agir le 1er février. Dès que vous m'aurez présenté vos propositions, je m'empresserai de les soumettre à M. le Ministre de l'Instruction publique et des Beaux-Arts, à M. le Ministre des Travaux publics et à M. le Ministre des Finances, qui auront, chacun en ce qui le concerne, à prendre les mesures nécessaires, et qui seront heureux, j'en suis assuré, de prêter leur concours le plus bienveillant à votre initiative. Je vous prie de me faire connaître les décisions que vous aurez prises le 31 janvier au plus tard.

Ai-je besoin d'ajouter que le concours de l'Administration, dans les questions d'un ordre général et élevé, vous fera d'autant moins défaut, que son intervention n'aura plus à s'exercer dans des questions inférieures de détail ? La franchise avec laquelle je vous parle doit vous être un sûr garant de l'intérêt que je vous porte.

Si l'État reprend sa liberté, en vous rendant la vôtre, ce n'est point pour se séparer de vous. Notre conviction profonde est que nous marcherons d'autant mieux d'accord que nous marcherons plus librement côte à côte, et que la dignité des artistes, aussi bien que celle de l'État, sera mieux sauvegardée par l'exacte définition de leurs rôles respectifs. Le soin de faire des acquisitions et des commandes utiles à nos musées et édifices publics, celui de désigner au Président de la République les artistes éminents qui méritent des récompenses honorifiques, nous paraît une tâche assez honorable à remplir pour que nous n'en désirions pas d'autre.

Je suis d'ailleurs tout à fait rassuré sur l'issue de vos délibérations par la composition de votre Comité. Le suffrage intelligent des artistes ne pouvait confier le soin de diriger leurs affaires à des maîtres plus respectés, ni à des plus dignes confrères. Vos résolutions auront une gravité et une autorité qui s'imposeront à tous. L'expérience a suffisamment démontré qu'il n'y avait point de transaction possible entre la gestion complète par l'Etat ou la gestion libre par les artistes.

II

Le Salon aux mains des artistes. — Le rapport de MM. Tony-
Robert Fleury et Humbert. — Comparaison des sociétés artistiques de l'Europe. — La Société des Artistes français. —
MM. Bouguereau et Bailly. — Ce que rapporte le Salon annuellement. — Les secours. — La maison de retraite. — La scission
des artistes.

onLA le Salon aux mains des artistes
français. C'était un grand pas que celui
de l'affranchissement des artistes de la
tutelle de l'État; mais tout était à organiser pour mener à bien la nouvelle
situation, et constituer sur des bases solides la *Société
des Artistes français*.

Dans la séance du Comité, le 21 novembre 1881,
M. Humbert fit la proposition suivante :

— Il sera nommé une commission d'études chargée
de faire un rapport au Comité.

Ce rapport renfermera :

1º Un résumé historique de la question, c'est-à-dire, à titre de document, un rapide aperçu sur les associations artistiques qui ont existé dans le passé ;

2º Un exposé de la forme et de la constitution des sociétés analogues qui fonctionnent de nos jours, dans différents pays étrangers, tels que l'Angleterre, la Bavière, l'Autriche, etc;

3º Un compte-rendu détaillé des différents genres d'associations ou de sociétés qui, sous la forme financière, commerciale ou syndicale, sont autorisées par la loi française.

Ce rapport ne contiendra point de conclusions et indiquera seulement les différentes voies à suivre, sans parti pris dans un sens quelconque.

MM. Tony-Robert Fleury et Humbert furent nommés rapporteurs.

Ce rapport, qui comporte près de quatre-vingts pages, était un chef-d'œuvre de clarté et de précision; il se terminait ainsi :

« Nous avons suivi le programme tracé par vous : nous vous avons exposé ce qu'ont été, dans le passé, les associations artistiques, et nous avons cru, pour compléter cette étude, devoir vous indiquer l'origine de nos expositions et les changements successifs qui se sont produits.

» Nous vous avons ensuite montré comment fonctionnent de nos jours un grand nombre de sociétés en Europe et en France, parmi lesquelles certaines vous frapperont tout d'abord.

» Deux surtout devront attirer tout spécialement votre attention : l'Académie royale de Londres et la Société des Artistes de Vienne. Ces deux sociétés offrent deux types très caractérisés, et arrivent, par des voies différentes, à une grande prospérité. Enfin, nous vous avons présenté un résumé aussi concis que possible des formes que peuvent légalement adopter les associations dans notre pays ; ce résumé, nous le devons tout entier à l'extrême obligeance de notre conseil judiciaire.

» A vous, messieurs, de tirer de cette étude, forcément bien incomplète, et que nous nous sommes simplement efforcés de faire aussi claire que possible, les éléments de la constitution qui devra régir la future Société des Artistes français.

» Vous permettrez pourtant à votre Commission d'études, comme d'ailleurs vous l'y avez encouragée, de vous faire remarquer que, des différentes formes présentées dans ce rapport, il s'en dégage deux absolument distinctes et également susceptibles pourtant d'amendements capables de les approprier au but que nous devons poursuivre.

» Au point de vue de la constitution, les deux voies sont : celle suivie d'une part par les sociétés restreintes, et, d'autre part, celle adoptée par les sociétés largement ouvertes.

» Avec la constitution des sociétés restreintes, telle que celle de l'Académie royale de Londres et d'un grand nombre de petites sociétés, faites surtout dans le but de constituer arbitrairement des groupes puissants, et de défendre les intérêts d'un nombre d'adhérents relativement minimes, vous constaterez, comme nous, que des résultats très considérables ont été atteints.

» Avec la constitution plus large et plus libérale de la Société de Vienne et d'une foule d'autres sociétés très ouvertes, vous pourrez également avoir des résultats aussi assurés. Une constitution analogue à celle de ces sociétés vous permettrait de faire participer aux bienfaits de l'association la presque totalité *des artistes*, et d'assurer ainsi une satisfaction sérieuse, efficace, à leurs intérêts légitimes, sans toutefois porter atteinte *aux intérêts de l'art*. Cette question si importante, et d'un ordre supérieur, semble devoir se résoudre par le moyen des expositions *sérieusement organisées, faites dans un esprit de justice absolue, d'impartialité complète* envers les différentes tendances artistiques, de façon à maintenir et à affirmer la suprématie de l'école française.

» Dans la constitution des sociétés restreintes, vous avez des avantages et des inconvénients qu'il est de notre devoir de vous signaler.

» Quelques hommes, réunis en vertu de leur volonté propre et de certaines affinités artistiques, peuvent former le noyau d'une société et admettre qui bon leur semble.

» Le talent seul étant une source de succès et de revenus peut diriger le choix des sociétaires pour leurs nouveaux collègues.

» Dans ces conditions un peu particulières, une

société arbitrairement formée peut certainement arriver à prospérer.

» A côté de ces avantages, nous devons signaler l'inconvénient de faire une classe de privilégiés, la difficulté de savoir où commencer, où s'arrêter pour le choix des membres titulaires de la Société. Ce qu'il est facile de faire avec un petit nombre d'associés, peut-il se réaliser aussi aisément avec une société nombreuse ?

» Nous avons, il est vrai, l'exemple de l'Académie de Londres, dont on ne peut pas nier le succès, mais ne faut-il pas tenir compte des habitudes aristocratiques du peuple anglais, et cette forme de société restreinte pourrait-elle s'adapter à nos mœurs ?

» Enfin, une commission comme la nôtre, issue d'un vote si large, ne doit-elle pas tenir compte des intérêts de ceux qui l'ont élue ? C'est ce que le Comité aura à juger.

» Un autre point bien important, sur lequel l'attention de votre Commission d'étude s'est tout naturellement portée, est la source où les sociétés prospères puisent les sommes d'argent nécessaires pour se constituer.

» Au point de vue financier, il y a également deux systèmes généralement adoptés à l'étranger ; un se rencontre rarement et seulement dans les statuts des associations restreintes dont nous venons d'essayer de déterminer le caractère particulier.

» C'est la base financière adoptée l'année dernière par la société provisoire chargée d'organiser le Salon, c'est la société avec le fonds social et les actions portant intérêts et dividendes. Par une clause spéciale, en 1881, l'intérêt et le dividende avaient été refusés par les sociétaires.

» Le second système a un caractère plus général et a été adopté en Europe par presque toutes les grandes sociétés constituées en dehors de l'appui direct de l'État.

» Les ressources de ces sociétés proviennent uniquement des entrées, des cotisations, des dons et legs, et enfin du produit des expositions.

» Ces grandes associations ont parfaitement réussi à l'étranger ; elles donnent à chacun de leurs associés appui et protection, et nous offrent, par leur stabilité et leur prospérité, un exemple méritant à juste titre d'être remarqué. La loi française peut-elle nous protéger si nous suivons cette voie ? La question semble tranchée négativement par votre conseil judiciaire.

» Dans les statuts d'associations étrangères analysés par votre Commission d'études, vous retrouverez toujours deux mêmes bases financières. . . . .

» Deux voies s'ouvrent donc devant vous, les sociétés largement ouvertes et les sociétés restreintes ; ces deux voies, nous vous en avons tracé à grands traits les avantages et les inconvénients.

» C'est à votre sagesse et à votre prudence de vous guider. Vous devez vous rendre compte exactement du but que vous voulez poursuivre, et choisir les moyens les plus sûrs pour arriver à la durée et à la prospérité de votre nouvelle société.

» La loi française doit intervenir pour donner à votre

constitution *la forme sérieuse et solide, qui assurera pour toujours son existence, sa liberté et ses droits.* »

A la suite de ce rapport, la Société fut constituée (1) et aussitôt les adhésions des artistes les plus éminents lui arrivèrent en foule, il n'y a qu'à ouvrir l'*Annuaire de la Société des Artistes français*.

Quels sont les bienfaits résultant de ce groupement dû à l'initiative, à l'énergie et au désintéressement d'hommes dévoués ?

Avant que la *Société des Artistes français* ne fût constituée, les artistes peintres, sculpteurs et graveurs étaient livrés à eux-mêmes ; isolés, ils étaient sans force et sans action ; les jours de malheurs, et ils sont, hélas ! fréquents chez les jeunes, quelquefois même chez les anciens, pour pouvoir sortir d'embarras, pour pouvoir exposer, ils étaient forcés de prostituer leur talent naissant, de faire du « commerce » ou de solliciter, en s'humiliant, un secours du ministère des Beaux-Arts, secours qui leur était accordé parcimonieusement et après mille démarches. Avec la Société, ce n'était pas la fortune qui leur arrivait ; mais c'était la certitude qu'en y entrant, ils trouveraient une aide, un appui, une protection efficace, et qu'une solidarité étroite leur montrerait l'avenir plus souriant, en leur aplanissant les difficultés de la route à parcourir pour arriver à la gloire, à la célébrité ; c'est ce que tous comprirent, et tous les honnêtes, les laborieux entrèrent dans la

---

(1) Lire dans l'*Appendice* l'acte de constitution, qui intéresse tous les artistes français.

Société des Artistes français, qui ne tarda pas à prospérer sous l'habile direction et sous l'impulsion constante de MM. Bailly, Bouguereau, Guillaume, Tony-Robert Fleury, Benjamin-Constant, de Vuillefroy, Thomas, Ch. Garnier, Laurens, etc., ses fondateurs.

La Société dure depuis neuf années.

Voici les résultats :

Le Salon rapporte, en moyenne, annuellement à la Société des Artistes français, la somme de 45,000 francs.

La rente de ses économies s'élève au chiffre de 22,000 francs environ, la cotisation des membres de la Société, à 12 francs l'une, en moyenne 30,000 francs. Ce qui donne annuellement, recettes du Salon, cotisations et revenus, un bénéfice de 97,000 francs.

Sur cette somme de 97,000 francs, elle prend le cinquième, soit 19,400 francs, qu'elle distribue annuellement en secours, à ses sociétaires dans l'embarras, soit pour qu'ils puissent exposer, soit pour les sauver d'une gêne momentanée ; il va sans dire que ces « secours » sont distribués avec le plus grand discernement et avec une entière discrétion ; d'ailleurs, ce ne sont pas en réalité des « secours », puisque les sociétaires payent une cotisation annuelle, ce sont plutôt des encouragements fraternels, qui n'ont rien de commun avec les secours distribués par les sociétés de secours mutuels, lesquelles exigent des reçus, des feuilles de demandes, des visas, des visiteurs, des renseignements, un tas de paperasses à n'en plus finir, qui portent à la connaissance de tous les sociétaires le secours accordé et le rendent, par cette minutie, toujours amer.

Une preuve à l'appui :

A la dernière assemblée générale de la *Société des Artistes français, 1889*, un sociétaire, M. Maziès, demanda que les comptes de la Société fussent détaillés publiquement afin que l'on sût à qui les *services* avaient été rendus, et s'ils avaient été distribués avec discernement.

L'assemblée générale, par un vote unanime, en approuvant les comptes de la Société, confirma l'opinion du Comité, que les noms des sociétaires ayant reçu des secours ne devaient pas être dévoilés, et que personne autre que les membres du Comité, liés par le secret professionnel et surtout par le sentiment de camaraderie, ne devait les connaître.

La Société, après ces encouragements distribués, possède encore disponible une somme de 77,600 francs, qu'elle divise en deux parts : une pour la caisse de retraite, soit 38,800 francs; les 38,800 francs restant sont pour le fonds de roulement et le fonds de garantie.

Le fonds de garantie est une sage prévoyance, car le Salon de 1889 s'est soldé par un déficit de 45,000 francs environ, qu'il a fallu régler avec ce fonds.

Ce déficit s'explique par l'Exposition universelle, le Salon était, comme les années précédentes, excellent, mais la foule se portait au Champ de Mars.

Ces secours se répartissent ainsi :

Aux artistes, environ 20,000 francs.

A l'Orphelinat des Arts sur son fonds de garantie, 3,000 francs.

En frais d'enterrement et de secours aux veuves, 3,000 francs.

La Société dépense en outre environ douze mille francs par an pour la défense de la propriété artistique, car elle se met aux lieu et place du sociétaire et paie tous les frais de justice (1).

Ce n'est pas tout.

La *Société des Artistes français* se joint au public lorsqu'une grande catastrophe afflige la France. Pour les blessés du Tonkin elle a donné une somme de 25,000 francs ; pour les victimes de l'incendie de l'Opéra-Comique, 20,000 francs ; à l'Assistance publique, 2,000 francs.

Elle a une somme de 60,000 francs pour fonder une maison de retraite ; en attendant qu'elle ait la somme nécessaire à cette fondation, la société a, à elle, trois lits à la maison Galignanis.

Outre ses ressources personnelles, la *Société des Artistes français* reçoit des dons et des legs qui leur sont faits par d'anciens artistes :

M. Beraud (Jean), 500 francs.

Mlle Bashkirtseff (Marie), rente sur l'État français 3 p. 100 de 500 francs destinée à fonder un prix annuel qui portera le nom de *Prix Marie Bashkirtseff*.

M. Duffer, deux lits à l'hospice Saint-Michel de Saint-Mandé.

M. Bastien-Lepage (Em.), produit de l'exposition des

---

(1) Lire à l'*Appendice* le règlement général de la défense de la propriété artistique.

œuvres de Bastien-Lepage (J.), son frère, décédé, 1,894 francs.

On peut voir, par ce rapide exposé, quel rôle important joue la *Société des Artistes français* dans le monde artistique, tant au point de vue moral qu'au point de vue matériel, et qu'elle ne s'est jamais éloignée du programme qui a présidé à sa fondation.

Tout allait donc pour le mieux lorsqu'éclata la scission des artistes, scission qui fit un tapage énorme dans la presse française et qui fut si singulièrement jugée et appréciée.

III

ous les ans, à la fin de Décembre, les artistes de la *Société des Artistes français* se réunissent salle Saint-Jean, au palais de l'Industrie pour entendre les rapports sur les travaux de la société. L'année dernière, en 1889, M. Bouguereau présidait, en remplacement de M. Bailly, empêché par une indisposition ; il était assisté de M. Guillaume, vice-président, de MM. Tony-Robert Fleury, secrétaire, et Daumet, trésorier.

La séance n'était pas encore ouverte, que l'assemblée, paisible d'ordinaire, discutait avec animation, on entendait des chuchotements précurseurs d'un orage prochain.

Quelles étaient donc les causes de ce tumulte passionné et inaccoutumé ?

Nous allons le savoir.

La lecture des rapports sur les travaux de fin d'année fut écoutée distraitement ; M. Tony-Robert Fleury arriva alors au dernier sur les travaux de la société :

« Cette année, dit-il, toutes les préoccupations de l'esprit public se sont portées sur l'Exposition universelle. Le gouvernement avait choisi une date mémorables entre toutes pour en faire l'anniversaire d'une grande manifestation pacifique. La France s'est montrée au monde, recueillie, laborieuse, pleine de force et de vitalité ; elle a conservé aux yeux de l'univers la grande place qu'elle occupait depuis le commencement du siècle.

» Vous avez contribué largement au succès de cette Exposition par l'envoi de vos œuvres, et la section des Beaux-Arts a été remarquable entre toutes. Vous avez su maintenir l'art français à une place hors ligne, et un rayon de cette gloire qui vient d'illuminer la patrie rejaillit sur tous à juste droit.

» Il y a quelques jours, le bureau du comité portait au nom de la *Société des Artistes français* les félicitations les plus chaleureuses à M. Meissonier à l'occasion de la suprême distinction que le gouvernement de la République venait de lui accorder.

» Cette haute récompense, s'adressant à un des plus

vaillants, à un de nos plus grands artistes, devait être saluée par les acclamations de tous, comme la preuve éclatante du glorieux triomphe de l'École française et la juste récompense d'une admirable carrière. »

M. Tony-Robert-Fleury rendit ensuite hommage aux camarades décédés, dont la liste est malheureusement longue, puis il termina en faisant un chaleureux appel à la concorde :

« Si jamais, dit-il, quelque événement grave venait à se produire, si l'union que nous devons tous chercher à faire se trouvait compromise, *n'oublions pas les bienfaits et la force de l'association, pensons au chemin parcouru depuis quelques années, pensons aux difficultés surmontées en commun*. Pensons avec calme au moyen de nous entendre, et groupons-nous tous, mes chers collègues, pour défendre cette société que nous *avons fondée dans un élan d'enthousiasme pour sauvegarder nos intérêts, notre dignité et nos libertés!* »

Cette péroraison fut accueillie par d'unanimes applaudissements.

Alors M. Bouguereau, au nom du comité, soumit à l'Assemblée la question posée à l'article 7 de l'ordre du jour.

Voici cet article :

Le comité demande à l'assemblée générale de vouloir bien décider par *oui* ou par *non*, si les récompenses décernées à la suite de l'Exposition universelle *compteront au point de vue des expositions annuelles, c'est-à-dire donneront le droit de* HORS CONCOURS ET D'EXEMPT ?

Quelle pensée guidait le comité en soulevant cette question ?

Voulait-il protester contre la répartition des médailles faites par le jury de l'exposition universelle, répartition, comme on le verra plus loin, faite dans de telles conditions qu'elle souleva un *tolle* général dans le monde artistique et parmi les amateurs éclairés ?

Non, le Comité de la *Société des Artistes français* en présence de la situation que les 493 récompenses décernées aux étrangers à l'Exposition universelle lui créaient vis-à-vis des jeunes, soulevait cette question par la raison que voici :

Quand la *Société des Artistes français* prit le Salon des mains de l'État, il y avait d'*exempts, hors concours,* pour la peinture. *six cent trente trois Français* et *cent quatre-vingt-huit étrangers* seulement.

Depuis neuf ans — cette année 1890 est la dixième — que les artistes dirigent leur Salon, il est distribué en moyenne *quatre-vingt-cinq médailles* par an ; elles se répartissent ainsi : peinture, *quarante* ; sculpture *vingt et une* ; architecture, *douze* ; gravure, *douze* ; cela porte actuellement le chiffre des *exempts* et *hors concours* a *quinze cent quatre-vingt-six* ; si on ajoute à ce chiffre les *quatre cent quatre-vingt-treize* médailles de l'Exposition universelle de 1889, décernées aux étrangers, on obtient le total de *2,079 exempts* et *hors concours.*

Comme ils ont le droit d'exposer chacun deux ouvrages, s'ils en usaient, on arriverait aux chiffres de *4,158 ouvrages* reçus d'emblée, sans examen.

En 1876, il y eut *2,095* ouvrages exposés pour la

peinture ; en 1881, *2,248* et en 1888, *3,586* ; cela donne une moyenne par année de *2,310* ouvrages exposés au Salon ; il y aurait donc eu *1,848 exempts* et *hors concours* de trop, qui n'auraient pu trouver place !

C'est le contraire qu'il faudrait ; car d'après l'avis des membres du Comité, *1,500* places seraient nécessaires pour les jeunes.

La pensée du Comité, en soumettant à l'assemblée des artistes l'article 7, était donc inspirée par une idée généreuse, par l'idée de produire des ouvrages nouveaux qui eussent aussi bien profité à l'Art qu'aux artistes ; elle n'était pas, comme on l'a dit et fait publier, inspirée par un manque de déférence envers l'Etat et par un esprit de coterie étroit et mesquin, par un manque de patriotisme, en protestant contre des récompenses décernées, en somme, par la France, à ceux qui étaient volontairement venus exposer chez nous.

Le patriotisme est un grand mot, qui n'avait rien à voir en cette affaire ; cette corde-là doit vibrer pour des faits plus graves, il ne faut pas l'user, nous n'en aurons pas trop pour l'avenir.

Ceux qui s'en sont servi savaient d'ailleurs bien ce qu'ils faisaient en la faisant vibrer.

L'article 7 était complexe ; si l'on n'admettait pas les médaillés de l'Exposition universelle à jouir du bénéfice d'être *exempts* et *hors concours*, seraient-ils inscrits sur le livre du Salon annuel ?

Les décisions du jury présidé par M. Meissonier, valaient-elles moins que celles du jury présidé par M. Bouguereau ?

3

Ici une grave question se pose d'elle-même, car il y avait une grande différence entre les deux jurys.

Le Jury de l'Exposition universelle jugeait au *nom de l'Etat*.

Le Jury du Salon juge *au nom de l'Association des Artistes français*.

La *Société des Artistes français* est reconnue d'utilité publique, mais elle a le droit absolu, rigoureusement absolu, de régler à sa guise l'organisation de son exposition, la distribution de ses médailles, la rédaction de son livret, et si elle ne veut pas être solidaire de l'Etat, c'est son droit strict.

Il ne faut pas lui opposer les précédentes Expositions universelles de 1867 et de 1878, puisque le Salon alors était une *institution officielle, organisée et administrée par l'Etat* ; la Société est libre.

Revenons au fameux article 7. Comme son aîné du décret d'expulsion, il souleva des tempêtes, des protestations violentes, et finalement, M. Meissonier prit la parole :

« Mes chers confrères, je tiens à vous dire que la haute distinction qui m'a été décernée est une décoration accordée à vous tous, et qu'elle constitue une manifestation qui met les Arts au niveau des plus belles choses.

» Je voudrais vous expliquer que les nouvelles récompenses ne peuvent causer aucun préjudice aux membres non exempts de la *Société des Artistes français* ; les exempts qui ont, il est vrai, droit à l'envoi de deux œuvres au Salon, ne les ont jamais toutes envoyées.

Il m'a suffi de relire les chiffres des trois dernières années pour m'en convaincre.

» En ce qui concerne la peinture, voici quels ont été ces chiffres : en 1887, il y avait 875 exempts ; ils n'ont envoyé en tout que 621 toiles et 91 dessins ; enfin, en 1889, il y en avait 929, ils n'ont envoyé que 562 toiles et 89 dessins.

» Vous voyez que les exemptions nouvelles sont moins effrayantes qu'on n'avait voulu le faire croire ; pour l'architecture et la sculpture, on peut, sans crainte de s'écarter trop de la vérité, se baser sur ces proportions.

» On a fait aussi ressortir ce chiffre de 493 étrangers, et on s'en est servi comme d'un épouvantail. Mais un tel chiffre ne peut se retrouver avant une dizaine d'années. Il faut une Exposition universelle pour l'occasionner. Les étrangers ne retrouveront pas tous les ans des gouvernements et des syndicats qui payeront les frais de transport de leurs œuvres. »

M. Meissonier ne put continuer son exposé ingénieux, plus spécieux que véritable, il fut interrompu par des cris, par un tapage infernal ; il n'y avait pourtant qu'une réponse simple à lui faire :

— Vous dites que les exempts ne profitent pas de leur droit, mais s'ils en profitaient ?

Il descendit de l'estrade, et quelques minutes plus tard il y reparaissait ; il donna lecture de la protestation suivante :

Mes chers confrères,

Puvis de Chavannes, Carolus Duran, Cazin, Duez, Dagnan-Bouveret, Gervex, Roll, Waltner et moi, nous nous sommes séparés du Comité, et, comme nous tenions de vous l'honneur d'en faire partie, nous devons vous donner les motifs de notre démission.

Quand les artistes ont été conviés à la grande Exposition de 1889, ils y ont envoyé leurs œuvres avec la conviction absolue que les récompenses décernées dans ce glorieux concours international seraient assimilées aux récompenses obtenues dans la précédente Exposition universelle.

Or, quand rien n'avait démenti cette conviction, quand les médailles ont été publiquement décernées, le Comité a voulu remettre en question leur valeur. C'était tromper la confiance dans laquelle nous étions, dans laquelle il nous avait laissés; nous n'avons pas voulu y consentir, et c'est pourquoi nous avons donné notre démission.

Aujourd'hui, que le Comité auquel vous avez donné mission de résoudre toutes les questions, se récuse devant celle-ci, et, ne voulant pas assumer la responsabilité de sa solution, vous offre de la résoudre vous-mêmes, convaincus qu'elle ne devait même pas être posée, nous nous retirons et nous déclarons que nous ne prendrons pas part au vote.

Mais, avant de vous quitter, laissez-moi vous dire, mes chers confrères, qu'il serait déplorable que des artistes réunis en masse comme vous l'êtes ici; que des hommes de cœur, d'honneur, français avant tout, ne pussent s'élever dans une région assez haute pour comprendre qu'au-dessus d'intérêts particuliers de groupes, de Sociétés, il y a un sentiment patriotique qui doit dominer tout, après le triomphe de l'Exposition : c'est que la France, par aucune fraction de ses enfants, ne doit chercher à diminuer la valeur des récompenses que les étrangers recevaient avec reconnaissance publiquement de nos mains.

G. MEISSONIER.

26 décembre 1889.

Cette protestation fut accueillie par quelques rares applaudissements, au milieu d'un tumulte extraordinaire; ce fut en vain que MM. Tony-Robert Fleury et Ch. Garnier essayèrent de ramener le calme au milieu de l'assemblée; ils n'y purent parvenir.

Enfin, il fut procédé au vote.

Voici le résultat du scrutin: sur 607 présents et 494 votants, il y eut 405 *non*, 82 *oui* et 7 bulletins *nuls*.

Pendant le vote, les membres du Comité démissionnaires se rendirent chez Ledoyen; des amis battirent le rappel, la générale, pour grouper le plus de dissidents possible autour de M. Meissonier. A la protestation reproduite plus haut, ils ajoutèrent ce paragraphe:

« A la suite de cette protestation, M. Meissonier est sorti de la salle, déclarant de nouveau qu'il n'admettait, à aucun point de vue, qu'un *vote pût avoir lieu sur une question qui engage notre honneur national*; il a été suivi par les soussignés. »

Une demi-heure plus tard, cette protestation était revêtue des signatures suivantes:

MM. Gervex, Roll, Duez, Carolus Duran, Dagnan-Bouveret, Puvis de Chavannes, Cazin, Emile Adan. Galland, Félix Régamey, Eugène Carrière, Fantin-Latour, Besnard, J.-J. Rousseau, Adolphe Mégret, Roger Jourdan, Dalou, Damoye, Gustave Courtois, Ytasse, Marchal, Léon Couturier, Waltner, Loustaunau, Maurice Courant, L. Gros, Ch. Fauvel, René Billotte, Montenard, G. Bastien-Lepage, Emile Barau, Linguet, V. Binet, A. Dagnaux, A. Sautai, Rixens, Charles Meissonier, Paul Delance, Agache, E. Rosset-Granger, Lecreux, H. Cain, Girardot, Adolphe Binet, Henri Wallet, Léon Lasserre, Paul Hermel, de La Perche-Boyer, Gueldry, Pierre Bourdin, Pierre Carrier-Belleuse, Tristan Lacroix, Le Villain, Emile Benner, Jean Benner, G. Bretennier, André Marty, Chevallier, Burgers, E. Tournier, H. Coeylas.

A la suite de ces faits, il fut décidé qu'une délégation, composée de MM. Puvis de Chavannes, Dalou, Roll, Cazin, Galland et Meissonier, se rendrait chez M. Tirard, commissaire général de l'Exposition universelle pour lui exprimer leurs regrets des incidents amenés par le vote du fameux article 7.

M. Meissonier insista auprès de M. Tirard sur ce point, que ses amis et lui considéraient le vote de la veille comme un manquement aux convenances et *comme étant de nature à porter atteinte à l'honneur national.*

M. Tirard répondit qu'il était sensible à la démarche des délégués et déclara qu'il l'approuvait pleinement ; il les autorisa à rendre compte de leur démarche à leurs mandataires ; la même délégation se rendit ensuite chez M. Fallières pour lui expliquer les raisons qui avaient guidé les protestataires et amener la dissidence.

M. Meissonier déclara au ministre que lui et ses amis étaient décidé à fonder une nouvelle Société et qu'il espérait avoir l'appui du ministre.

M. Fallières répondit que la Société en voie de formation avait d'avance toutes ses sympathies.

De leur côté MM. Tony-Robert Fleury et Albert Maignan avaient adressé aux journaux la note suivante, en réponse à la protestation de M. Meissonier:

Notre désir, avant tout, est de rétablir la vérité et d'empêcher que les faits ne soient dénaturés. On met en avant la question de patriotisme; le patriotisme des artistes n'est pas en cause, ils sont fiers d'avoir pris part avec honneur à la plus belle des Expositions universelles, et ils s'en voudraient de manquer aux sentiments de bonne confraternité vis-à-vis des étrangers. Ils n'ont pas eu un seul instant la pensée de manquer de reconnaissance envers l'Etat, qui les a toujours soutenus et qui leur donne gracieusement la possibilité d'installer leur Salon. Il n'est pas question de détruire et même de diminuer les récompenses de l'Exposition; tout se réduit à savoir si ces récompenses doivent compter dans le Salon annuel. L'assemblée d'hier a voté la négative à une majorité énorme.

Quoiqu'on en ait dit, il n'y a eu aucune pression, il n'y avait pas d'animosité contre M. Meissonier, qui a été acclamé avec enthousiasme quand son talent et sa personne seuls ont été en cause. L'assemblée a eu le tort d'être bruyante, et des deux côtés le calme eût été plus correct; mais il est incontestable que l'assemblée voulait fermement ce qu'elle a voté, les chiffres sont là pour le prouver. Le vote s'est fait avec le plus grand ordre, et il serait inexact de croire que les abstentions grossissent le nombre des dissidents, puisque la plupart des membres du comité n'ont pas pris part au vote, ne voulant pas être juge et partie. Il n'y a pas de lutte contre le jury de l'Exposition : la preuve, c'est que les membres de ce jury sont moins nombreux dans les dissidents que dans le comité même qui a posé cette question, si malheureusement grossie.

TONY-ROBERT FLEURY,
ALBERT MAIGNAN.

Le comité de la *Société des Artistes français* tint une séance le 31 décembre, sous la présidence de M. Guillaume.

Étaient présents :

MM. Guillaume, Bouguereau, Ch. Garnier, J. Jacquet. T. Robert-Fleury, Daumet, Bernier, Bonnat, Cormon, Detaille, Français, Frappa, Gérôme, Guillemet, de Gatines, Harpignies, Humbert, J.-P. Laurens, Jules Laurens, Jules Lefebvre, Luminais, Albert Maignan, Pille, Rixens, Sautai, Vayson, Yon, Aubé, Bartholdi, J. Blanchard, Boisseau, Caïn, A. Dubois, Doublemard, Ch. Gauthier, Guilbert, Et. Leroux, Mathurin-Moreau, Corroyer, Lisch, Lheureux, Pascal, Didier, Gilbert, Huyot, Laguillermie, Lalauze, J. Robert, Sirouy.

En l'absence de M. Bailly, président, M. Guillaume, premier vice-président, ouvrit la séance et exposa au Comité qu'il importait de détruire quelques opinions erronées qui seraient de nature à faire mal juger la *Société des Artistes français*.

Ainsi, d'abord, il semblerait qu'elle aurait, par les résolutions prises dans la dernière assemblée générale, la pensée de déprécier l'Exposition universelle.

M. Guillaume demanda au comité de déclarer, au

nom de la *Société des Artistes français*, si tel était
son avis, qu'il n'avait jamais eu l'idée de méconnaître
le caractère de l'Exposition universelle, ni la compé-
tence, ni l'équité des jurys institués par l'Etat, ni la
valeur des récompenses décernées par ces jurys. En
agissant dans les sentiments qu'on lui prête, il eût
commis un acte antipatriotique.

Sur ce point, le comité déclara, à l'unanimité, que
de tels sentiments n'ont pas été les siens.

En second lieu, on n'a pas hésité à attribuer à la
Société tout entière, un sentiment d'hostilité vis-à-vis
des étrangers. Or, les étrangers, toujours admis à nos
Expositions sur un pied d'égalité parfaite avec nos nationaux, se sont acquis, à l'Exposition universelle, des
droits nouveaux à notre sympathie. Ils sont venus
spontanément nous apporter leur concours et augmenter l'éclat de notre manifestation nationale.

Sur ce point encore, le Comité, à l'unanimité et par
acclamation, proteste de ses sentiments de confraternité envers les étrangers et les remercie.

Enfin, ajouta le vice-président, on prétend que la *Société des Artistes français* se refuse d'inscrire à ses
livrets les récompenses décernées à l'occasion de l'Exposition universelle.

Sur ce troisième point encore, le Comité déclara
qu'en présence de propositions diverses qui lui étaient
soumises, il s'est absolument refusé à se prononcer
pour la négative.

Après ces trois déclarations, le président rend compte
de la visite que le bureau a faite le matin même à M. le

3.

ministre de l'Instruction publique et des Beaux-Arts.
M. Bailly, malgré le très mauvais état de sa santé, s'é-
tait transporté au ministère ; il exposa à M. le ministre,
clairement et dans leur ordre, les faits qui ont été la
cause des dissentiments qui se sont produits dans la
Société ; que le comité, dans un intérêt général, avait été
frappé du grand nombre de récompenses de l'Exposition universelle, non pour les contester, mais parce
que chacune d'elles apportait avec elle un droit d'exemption. Or, il était à craindre que si une partie notable
des exempts venait à profiter de son privilège, la place
légitimement due aux artistes non récompensés se
trouvât extrêmement réduite. Il s'agissait de parer à ce
grave inconvénient, et c'était pour prendre une résolution à ce sujet que le comité avait été convoqué.

Le comité n'ayant pu s'entendre sur les solutions
proposées, et considérant que la totalité des sociétaires
était intéressée dans la question, décida par un vote de
s'en rapporter à l'assemblée générale dont la réunion
annuelle et statutaire était prochaine.

Il ne s'agissait donc que de prévisions légitimes et
de mesures d'ordre.

On sait le reste ; quand aux sentiments d'opposition
à l'Etat prêtés à la Société, en cette grave occasion, il
faut avouer qu'ils seraient inqualifiables au moment
même où le ministre lui accordait le Palais de l'Industrie et l'encourageait à poursuivre son œuvre.

Le ministre écouta M. Bailly avec une grande bienveillance, dit qu'il n'avait pas à intervenir dans les difficultés qu'il espérait voir bientôt s'aplanir, qu'il ne

songeait pas à retirer la concession du palais en vue
de la prochaine exposition, mais qu'en ce moment il
appartenait à la Société elle-même de prendre les mesures qu'elle jugerait les plus propres à concilier tous
les esprits.

En conséquence de cet exposé, le vice-président pria
ceux des membres du Comité qui auraient à faire des
propositions de nature à obtenir des résultats, de vouloir bien les présenter.

M. Charles Garnier affirma que le moyen le plus efficace d'arriver à une conciliation serait de supprimer les exemptions quelles qu'elles soient, et demanda
qu'une proposition dans ce sens fût mise aux voix.

Après l'échange de quelques idées présentées par
MM. Frappa, Bartholdi et Et. Leroux, la proposition
de M. Ch. Garnier fut adoptée à l'unanimité.

Pour assurer l'application de cette mesure, dans le
sens le plus libéral qu'elle puisse avoir, le Comité émit
le vœu que les sections soient appelées prochainement
à étudier un nouveau mode de formation et de fonctionnement des jurys.

A la suite de ces différents votes et déclarations, le
Comité approuva, comme exprimant les sentiments
dont il est animé, le résumé suivant, qui lui était proposé par M. Charles Garnier :

« Après les délibérations qui viennent d'avoir lieu,
aucune exception ne devant plus être faite, et le talent
seul devant conserver les prérogatives qui lui sont
dues, le Comité espère que la scission qui s'est produite cessera d'exister, et que tous les artistes resteront

convaincus que la seule préoccupation de la Société est de se régler d'après les lois d'équité comme de justice.»

Pour conclure, le Comité protesta énergiquement contre l'accusation que l'on adressait à la Société d'avoir manqué à un devoir sacré de patriotisme, le patriotisme ne pouvant être revendiqué par quelques-uns, mais appartenant à tous les artistes français, quelle que soit leur école.

A la suite de la résolution prise par le Comité de la *Société des Artistes français*, MM. Guillaume, Charles Garnier et Bonnat rendirent visite à M. Meissonier pour lui demander de faire nommer une commission qui, d'accord avec eux, étudierait les moyens à employer pour amener la solution du conflit.

M. Meissonier refusa catégoriquement d'entrer en pourparlers avec l'ancienne Société.

« La nouvelle Société, dit-il, est fondée ; les statuts vont être approuvés, il est trop tard pour parlementer.»

IV

La scission des artistes. — Opinion de M. Meissonier, — de
M. Bouguereau, — de M. Gervex, — de M. Gérôme, — de
M. J.-P. Laurens. — La réception des œuvres au Salon.

A scission entre ces groupes d'artistes
fit un grand bruit dans la presse française et étrangère, plus qu'une révolution politique ; cela était juste, car
c'est, en effet, une révolution au point
de vue artistique. Les reporters se mirent en campagne pour recueillir les avis des intéressés. Voici le
résultat de ces interviews qui furent publiés par les
journaux les plus influents :

OPINION DE M. MEISSONIER

« J'ai fait mon devoir, et, comme vous le voyez, je
ne suis point ému de ce qui s'est passé aujourd'hui.
» Seulement, je regrette que *la voix de l'intérêt per-*

sonnel ait prévalu sur celle de la raison. J'ai plaidé pour l'honneur de notre art, pour l'honneur de la France, et l'on n'a pas voulu m'écouter. Et cette attitude ne m'était pas personnellement hostile, car, quand M. Tony-Robert Fleury, rapporteur, a fait allusion à la haute distinction honorifique qui m'a été dernièrement décernée, toute l'assemblée m'a fait une ovation dont j'ai été fier, parce que, comme je l'ai dit, je voyais honoré, dans ma personne, l'art français.

» Mais je me serais passé volontiers des honneurs qui m'ont été rendus pour voir triompher la logique et le bon sens.

» *Au nom de la France,* dans toute l'indépendance de notre conscience et de notre jugement artistique, associés aux artistes les plus éminents de l'étranger, nous avions, comme jurés de l'*Exposition internationale,* conféré des médailles et des diplômes d'honneur à nos exposants et aux exposants étrangers.

» Notre verdict, pour les étrangers surtout, c'était le verdict de la France elle-même, et ils y attachaient le plus grand prix, car *ce verdict était la consécration de leur carrière artistique.*

» Que dira-t-on maintenant ? On dira que c'était une comédie et que la France ne sait pas tenir ses engagements.

» Le vote d'hier n'atteint pas seulement les membres français du jury, mais avec nous, les membres des pays étrangers que l'on nous avait adjoints, et qui sont l'élite des artistes.

» Rien n'y à fait. Le plan de l'*école Julian,* puisqu'il

faut bien la nommer, *préparé de longue date, a été exécuté de tous points*. On n'a même pas voulu écouter ceux qui ont proposé l'ajournement de l'assemblée.

» On a couru aux urnes, on a essayé en vain de conjurer une iniquité absurde, *M. Julian lui-même excitait les hésitants*.

» Les amis de la raison ont quitté la salle ou ont protesté ; les autres, quatre cents environ, ont voté en faveur de l'article qui annule nos brevets de « hors concours » et « exempts ».

» Le seul résultat de la journée d'hier a été le suicide de la *Société libre des Artistes français*.

» Elle a vécu et sera remplacée par une autre qui inscrira sur son drapeau : « L'honneur de l'Art et de la France ». C'est ce que nous voulons, et c'est ce que nous obtiendrons. »

Je voyais honoré dans ma personne l'art français. Selon M. Meissonier, il personnifie l'art. Ne pouvant donner la croix à tout le régiment, on décore le drapeau, donc il est le drapeau, le symbole ; il porte la grand-croix pour le régiment artistique, comme le Christ la porta pour les chrétiens ; voilà de la modestie ou il n'en existe pas.

M. Meissonier est sûrement un grand, un très grand artiste ; tous ceux qui sont assez fortunés ou assez favorisés pour voir ses œuvres le disent, l'affirment. Ils sont peu nombreux, car depuis que le Salon, affranchi de la tutelle de l'État, est aux mains de la *Société des Artistes français*, M. Meissonier n'a pas daigné y exposer; il a dédaigné la foule, les petits, tandis qu'il expose au *Cercle des Mirlitons,* un cercle aristocratique et fermé; M. Roll en sait quelque chose, puisqu'il dut retirer sa toile, que M. Meissonier avait fait reléguer au plafond, parce qu'elle gênait la sienne comme... dimension!

Le plan de l'Ecole Julian, préparé de longue date, a été exécuté de tous points. Julian a un plan, tout comme le général Trochu, seulement son plan n'est pas déposé chez Mᵉ Duplan, il l'exécute.

Quel était donc ce plan?

Sans doute, le vote émis à l'assemblé générale de la *Société des Artistes français,* vote qui annulait les hors concours et les exempts des récompensés de l'exposition universelle.

Mais dans quel but, et comment cela pouvait-il profiter à Julian?

M. Meissonier sait bien qu'au dernier Salon, étant donné le mérite et le nombre des élèves de Julian qui exposaient, les récompenses leur furent si parcimonieusement mesurées qu'ils n'en obtinrent que TROIS!

M. Meissonier n'ignore pas que l'atelier Julian est le cauchemar de la plupart de ceux qui l'ont poussé à commettre, disons le mot, une mauvaise action, en scindant les artistes, et qu'eux aussi avait un plan, qu'ils exécutent de longue date, avec un acharnement et une persévérance dignes d'un meilleur sort.

En 1888, ils faisaient publier par le journal le *Temps,* qui leur est inféodé, que la *toute-puissante* Académie

Julian ferait obtenir la médaille d'honneur à Benjamin Constant.

Ce fut Detaille qui l'obtint !

Pour 1889, leurs journaux affirmèrent, toujours par la puissance de Julian, que cette fois Benjamin Constant allait être honoré de cette récompense.

Ce fut Dagnan-Bouveret qui l'obtint !

Voilà une toute-puissance qui laisse à désirer.

Elle a vécu (la *Société des Artistes français*), *et sera remplacée par une autre, qui inscrira sur son drapeau : l'Honneur de l'art et de la France.*

Cette prétention dépasse les bornes de l'outrecuidance ou de l'aveuglement.

M. Meissonier avait déjà le privilège du patriotisme, voilà qu'il lui faut encore celui de « l'honneur de l'art et de la France ». Excusez du peu.

Après avoir bien cherché, fouillé, remué pour deviner les motifs qui ont fait agir M. Meissonier, j'ai trouvé :

ERNEST Ier disait, dans ses proclamations, que les républicains étaient des filous, que la nation, avec ce régime, marchait à sa perte, qu'il était seul capable de relever « l'honneur de la France », que c'était la devise de son drapeau ; il voulait, au point de vue politique, fonder une nouvelle société sur les ruines de l'ancienne. Au lieu du manteau de pourpre rêvé, il ne trouva, hélas ! qu'un Jersey !

ERNEST II, car M. Meissonier s'appelle *Ernest*, a voulu faire en *art* ce qu'*Ernest Ier* a essayé de faire en *politique*. Même proclamation, même langage, même prétentention, mêmes utopies !

Les journaux inféodés à *Ernest I*er, lorsqu'ils parlaient d'une réunion boulangiste, affirmaient, sous la foi du serment, qu'il y avait trois mille assistants, lorsqu'ils savaient pertinemment qu'il y en avait trois cents!

Les journaux inféodés à *Ernest II*, le *Matin*, le *Gaulois*, affirmèrent qu'à la réunion *Meissoniériste*, chez Ledoyen, il y avait deux cents assistants; il y en avait *trente*, en comptant les curieux, les garçons de café, l'officier, le pompier et le laveur de vaisselle.

*Ernest I*er avait embauché des *camelots* qui remplissaient les fonctions de joueurs de flûte et faisaient « la foule. »

Ernest II avait des camelots qui recrutaient des adhérents; il alla même plus loin, il fut plus fort qu'*Ernest I*er; il embaucha un distributeur des *Affiches expresses* qui, à la porte de la salle Saint-Jean, où se tenaient les Artistes, les informait qu'*Ernest II* les attendait chez Ledoyen!!

Voilà la fameuse manifestation spontanée!

Ernest II, il faut l'espérer, sera plus heureux qu'*Ernest I*er; il n'ira pas expier sa tentative de révolte sur la terre étrangère, ce n'est pas de la Haute-Cour qu'il est justiciable, c'est d'une puissance supérieure, de l'opinion publique, qui ne veut pas plus de *dictature* artistique qu'elle ne veut de *dictature* politique.

Les artistes français n'ont pas, depuis deux cents ans, attendu la venue du Messie Meissonier pour soutenir *l'honneur de l'art qui est celui de la France,*

OPINION DE M. BOUGUEREAU

M. Bouguereau, furieux, considère avant tout l'intérêt général, l'intérêt des petits comme l'intérêt des grands ; pour répondre aux protestations, pour prendre une décision, il fallait consulter ou le Comité ou une assemblée générale. Ce second mode lui a paru plus honnête, c'est pour cela qu'il l'a soutenu et qu'il s'inclinera devant le vote.

« Nous voulons suivre notre jurisprudence spéciale. En 1881, nous avons pris le Livret tel que l'État nous l'a remis ; depuis cette époque, nous fonctionnons librement et ne pouvons accepter quatre cent quatre-vingt-treize exempts de plus pour des grades non obtenus chez nous, et qui n'ont pas été décernés par la volonté des artistes, mais *par la munificence des commissaires*. »

M. Bouguereau, en terminant, déclara qu'il n'avait d'animosité contre personne, et qu'il ne comprenait rien à ces démissions.

Au reste, M. Bouguereau est commandeur de la Légion d'honneur depuis cinq ans, la question personnelle de son côté n'est donc pas en jeu.

M. Bouguereau, on le voit, est conséquent avec lui-même. Son rôle est bien différent de celui de M. Meissonier. Il a consacré sa vie, ses forces, son temps, son intelligence à la *Société des Artistes français* ; il ne se dément pas ; il affirme ce qu'il croit juste, ce qui l'est en effet. Par sa fermeté, il en impose aux brouillons et aux violents. Il est à la tête de tout ce qui peut être utile aux artistes. Il ne pouvait, dans cette bagarre, échapper à la loi commune, être attaqué par la partie adverse; mais peu lui importe les injures qui ont été déversées sur lui, elles ne pouvaient l'atteindre, car elles ne valent que ce que valent leurs auteurs.

Je dis que M. Bouguereau a consacré sa vie aux artistes ; rien ne pourra mieux le prouver que les deux anecdotes suivantes :

Il est d'usage, après le Salon, que les artistes se réunissent dans un banquet avec les membres du jury ; ils invitent le ministre et quelques hauts fonctionnaires appartenant aux Beaux-Arts.

La première année où les artistes administrèrent leur Salon, M. Edmond About était parmi les *invités des artistes*; au dessert, il se leva et porta le toast suivant :

« ..... Il faut surtout ne pas trop encourager les artistes, c'est une source de dévoyés; celui qui a une véritable vocation, un réel talent, perce toujours... »

Tous les invités baissaient le nez devant ces paroles malencontreuses prononcées par un critique autorisé. Elles étaient une façon singulière de remercier ses amphytrions, la stupeur était générale.

M. Bouguereau se leva.

« Je ne saurais m'exprimer, dit-il, comme M. About; cependant, je désire m'élever et protester contre les sentiments qu'il vient de manifester et contre les paroles qu'il vient de prononcer. D'après elles, certainement, M. About ferait un excellent président de société de découragement!

» Etes-vous sûr, monsieur About, continua M. Bouguereau, que parmi ceux que vous avez découragés, il n'y en avait pas qui auraient pu devenir de grands artistes ?

» Qu'il n'y avait que des fruits secs ?

» J'en connais, monsieur, que vous avez traités toujours comme tels et qui, pourtant, sont de grands artistes, et au nom de tous ceux pour lesquels l'avenir est ouvert, je proteste. Je ne puis m'associer à vos paroles. »

Un tonnerre d'applaudissements accueillit la courageuse protestation du maître peintre. M. About, devant cette verte mercuriale, baissa la tête et se tint coi.

M. Puvis de Chavannes, ému, s'approcha de M. Bouguereau, le saisit par le bras et lui dit :

— Je ne sais pas si vous aimez ma peinture ; mais c'est égal, vous venez de parler comme un brave homme !

M. Puvis de Chavannes disait juste, car il y avait eu autant de courage que de cœur à dire son fait à M. E. About, qui était alors un critique dont les jugements étaient redoutables pour les artistes.

Il y a quelques années, M. Bouguereau fut atteint d'une angine, mal terrible et contagieux. Il était soigné par trois médecins, dont deux moururent par la suite du mal contracté en le soignant.

On ne savait s'il en réchapperait, c'était une question de temps; il pouvait mourir à chaque instant. Sa porte, naturellement, était consignée, sa vieille mère veillait avec un soin jaloux, maternel, à ce que le repos de l'artiste ne soit pas troublé.

Un de ses plus fidèles amis, membre de la *Société des Artistes français,* alla lui rendre visite.

— Vous ne pouvez pas le voir, dit la pauvre brave femme, qui pleurait au souvenir de ce qu'elle avait eu de peine à l'élever, de souffrances à endurer pour en faire un homme, de misère à supporter pendant qu'il travaillait pour devenir un artiste. Le voilà célèbre, mon ami, disait-elle, et aujourd'hui que la gloire l'a récompensé de son labeur, qu'il est l'orgueil et la joie de ma vieillesse, la mort veille à la porte, prête à glacer sa main! Dieu n'est pas juste.

— Je voudrais cependant le voir, dit l'ami, qui s'efforçait de dissimuler ses larmes.

— Allez, ajoute la mère; peut-être apportez-vous l'espoir.

L'ami franchit un long couloir; presque au bout, sur le seuil de la porte, il vit M. Bouguereau, debout, appuyé au chambranle, entièrement vêtu de noir, pâle, défait, le cou enveloppé de linge blanc, les yeux démesurément ouverts, comme généralement les mourants, dont les yeux se dilatent pour embrasser le plus possible les objets qu'ils aimaient. M. Bouguereau avait conscience de son état; il savait qu'il pouvait mourir suffoqué d'un instant à l'autre. Il voulait, le vieux lutteur, mourir debout.

L'ami s'approcha de lui et lui tendit la main ; Bouguereau, qui ne pouvait parler, la lui prit et le fit entrer dans sa chambre.

Sur une table, il y avait du papier et un crayon.

Eh bien ! cet homme qui était en face de la mort, prit son crayon et écrivit ceci :

« Depuis que je suis malade, aucun bruit ne parvient jusqu'à moi ; y a-t-il du nouveau à la *Société des Artistes français ?* »

Le brave homme, comme avait si bien dit M. Puvis de Chavannes, consacrait ses dernières pensées à s'inquiéter de la Société, des jeunes, ses amis.

OPINION DE M. GERVEX

« Je suis indigné pour le vote des quatre cents moutons de Panurge qui avaient suivi M. Julian.

» C'est absolument indécent, et antipatriotique plus qu'indécent.

» Il faut remarquer, ajoute-t-il, que le jury de l'Exposition universelle, en adjugeant ses prix et ses diplômes, n'a pas tenu compte d'une seule œuvre, mais de l'ensemble des différentes œuvres présentées par chaque artiste.

» Jamais nous n'avons été plus libres et indépendants dans notre jugement. Seulement nous ne croyions pas, en récompensant le mérite artistique là où nous l'avons trouvé, faire tort à une école d'un de nos boulevards, qui voudrait tout accaparer à son profit exclusif.

» Cela ne doit pas être, et cela ne sera pas. Nos adversaires, tout en blâmant les décisions du jury de l'Exposition artistique internationale, n'ont pas médité la sagesse du fameux mot de Talleyrand : « Et surtout, pas trop de zèle ».

M. Gervex, *indigné*. Voilà un beau sujet, tout indiqué pour le prochain concours du prix de Rome à l'Ecole des Beaux-Arts; on pourrait le représenter endossant son habit pour aller dîner au cercle, entouré des reporters Parisiens, exhalant son indignation pour *le vote des quatre cents moutons de Panurge qui auraient suivi Julian.*

Ce serait un spectacle touchant.

M. Gervex est un concurrent de notre ami Donato ; plus fort que lui, il a la seconde vue; il ne connaissait pas le résultat de l'assemblée générale, qu'il avait convoqué chez lui les reporters.

Voilà au moins de la prévoyance !

Mais d'où diable peut venir l'*indignation* de M. Gervex ?

... Nous ne croyions pas en récompensant le mérite artistique, là ou nous l'avons trouvé, faire tort à une ÉCOLE D'UN DE NOS BOULEVARDS QUI VOUDRAIT TOUT ACCAPARER A SON PROFIT EXCLUSIF !

Voilà le bout de l'oreille.

Ah ! monsieur Gervex, si vous aviez demandé conseil, avant de parler à Ernest II, vous qui êtes son sous-Laguerre, il vous aurait sans doute répondu : la parole est d'argent, et le silence est d'or, et vous aurait retourné la maxime de Talleyrand : « Et surtout, pas trop de zèle ».

Ça vous chiffonne donc bien, monsieur Gervex, de voir l'école Julian prospérer ?

Pourquoi donc ?

Je vais vous le dire, à vous qui fulminez contre *l'école du boulevard.*

Vous et les dissidents dites du mal des écoles, qui ont pour but, suivant vous, la question électorale des membres du jury ; comment se fait-il que vous essayiez d'en avoir tous, des écoles ?

Ne niez pas, j'ai entre les mains des boniments, les vôtres, que l'illustre Mangin, s'il vivait encore, ne désavouerait pas. Dunan-Mousseau, l'inventeur du célèbre prospectus pour le marchand d'habits du passage du Grand-Cerf, l'auteur de cette phrase pharamineuse : « Enfin, nous avons fait faillite, » ne vous va pas à la cheville.

Les journaux, amis de M. Gervex, un entre autres, écrivait ceci récemment :

. . . .

« Les amis de M. Meissonier estiment que dans ces dernières années, ce « nombre » s'est singulièrement élevé du fait des membres du jury, préoccupé pour la plupart, disent-ils, d'étendre l'électorat à leurs obligés. Toutes les demoiselles qui peinturlurent les assiettes, font des écrans, des miniatures, des émaux, exposent des dessins, grossissent les rangs des électeurs et dépo-

4

sent dans l'urne un bulletin de reconnaissance au nom
de celui qui leur a ouvert les portes du Salon.

» Cet élément-là, qui n'a rien à voir avec les véritables intérêts de l'art, doit être écarté, aux yeux de la
société nouvelle, et on pourrait très aisément y arriver à
son sens en créant un jury spécial pour les dessins,
aquarelles, pastels, céramique, émaux, miniatures. On
isolerait ainsi tout une catégorie d'électeurs, ou plutôt
d'électrices, qui se trouve confondus ou confondues
avec les vrais peintres, par le fait de la constitution
d'un jury unique pour la peinture.

.   .   .   .

Voici en outre une annonce du *Figaro* du 24 octobre
1888 :

DESSIN et PEINTURE, COURS pour DAMES
et DEMOISELLES, par Madame NOEMIE
GUILLAUME, 7, quai Voltaire.

ACADÉMIE DE LA PLACE MALESHERBES.
COURS DE DESSIN ET DE PEINTURE pour
dames et jnes filles. Professr: M. HENRI GERVEX.
Administ.: Mlle VALENTINO, 112, bd Malesherbes

Voici une circulaire répandue à profusion :

.   .   .   .

« Depuis le 15 avril, *un cours pour dames* est ouvert de 8 heures à midi, et de 1 heure à 5 heures, modèles différents.

» Toutes les semaines, le matin, correction de M. *P.
de Chavannes*, et l'après-midi, correction de M. Roll.

» Les dames sont admises au cours du dimanche.

» Prochainement, un cours de sculpture *pour dames et messieurs*, avec M. Rodin comme professeur, sera ouvert.

» Je serais très flatté, madame, si vous vouliez m'honorer de votre visite, et suis à vos ordres pour tous les renseignements qui vous seraient nécessaires.

» Agréez, M   , mes civilités très distinguées,

» BOUVET,

» Massier de l'atelier. »

233, Faubourg-St-Honoré

Comme s'écrie Auguste au Cirque Fernando, c'est pas fini !

SOCIÉTÉ DE LA PALETTE

L'ASSOCIATION ARTISTIQUE pour l'Enseignement du Dessin et de la Peinture

SIÈGE SOCIAL : 31, boulevard Berthier

ATELIER HUMBERT ET GERVEX

75 *Boulevard de Clichy*

ATELIER ROLL

31, *Boulevard Berthier*

Suit le boniment.

Prospectus des *ateliers de dames* :

ACADÉMIE DES BEAUX-ARTS
de la place Malesberbes

ATELIERS DE DESSIN ET DE PEINTURE

PROFESSEURS :

MM. H. GERVEX et P. MATHEY
Directrice : MADEMOISELLE VALENTINO

Valentino ! Voilà un nom qui rappelle le souvenir d'un bal célèbre, cela est engageant pour les dames ! Il me semble qu'après ces prospectus édifiants, vous êtes bien mal fondé, monsieur Gervex, à parler *des écoles de femmes*, et que vous faites votre possible pour les attirer ; votre mauvaise humeur m'a tout l'air d'une rancune d'épicier, qui crie à la pratique : N'allez pas chez l'épicier d'en face, il met de la cendre dans son poivre, du plâtre dans sa farine et vend de la margarine pour du beurre !

Mauvais moyen, monsieur Gervex ; comme vous n'auriez jamais été élu par vos élèves, membre du jury, vous avez bien fait d'aller à la maison d'à côté.

OPINION DE M. GÉRÔME

Il a été un des plus fermes soutiens de M. Bouguereau dans la discussion qui a amené la démission de M. Meissonier.

D'après lui, les récompenses ont été mal distribuées, et le jury s'est attiré la réprobation générale. Dans les Salons annuels, le jury tient sa force du *suffrage universel ;* dans les expositions générales, *c'est un jury administratif.*

« M. Antonin Proust est le grand coupable. Il a composé un jury à son image et a obtenu une coterie, au lieu de le faire éclectique et composé de talents divers.

» Les récompenses données par le jury à l'Exposition universelle ne doivent compter en rien vis-à-vis de la *Société des Artistes français,* association privée, et par conséquent ne doivent pas donner accès aux expositions de cette Société.

» Nous n'annulerons pas les médailles, mais nous croyons devoir en restreindre les inconvénients. Voyez-vous, ajoute-t-il, je suis à la fin de ma carrière, je juge les choses de haut, sans parti pris ; je ne suis pas suspect, je n'exposais même pas. Je crois toute exposition impossible si les peintres exempts sont au nombre de de 1422 ; c'est alors la porte fermée aux jeunes.»

M. Antonin Proust est le grand coupable. Il a composé un jury à son image et a obtenu une coterie ; au lieu de le faire éclectique et composé de talents divers, dit M. Gérôme. M. J.-P. Laurens dit : *Il y a des dessous...*

Ah ! oui, il y a des dessous, et qui ne sont pas propres !

Car la scission des artistes n'est pas venue, comme on pourrait le croire, sur la question des médaillés, des hors concours, et sur le roulement du jury. Ces questions n'ont été que le prétexte.

M. Gérôme a raison; il y avait dessous un intéressé à brouiller les cartes, un intéressé à ce qu'elle se produisît; dans la coulisse, il tirait les ficelles qui faisaient mouvoir MM. Meissonier, Roll, Gervex et consorts.

Pourquoi ne pas le nommer ?

C'est M. Antonin Proust, ancien ministre des Beaux-Arts, le roi des gaffeurs :

Mission Thomassin, gaffe!

Loterie des Arts décoratifs, gaffe!

L'*Angelus,* de Millet, gaffe!

A ce propos, on se rappelle tout le tapage qui se fit dans la presse au sujet de ce tableau, un des plus mauvais du maître, de l'avis unanime des amateurs sincères; on se souvient que M. Antonin Proust disait qu'il avait la coopération d'amateurs riches pour acheter ce tableau à la vente Secrétan. Il monta au chiffre de plus de cinq cent mille francs, et M. Antonin Proust avait en caisse, pour solder ce chiffre formidable, un peu plus de sept mille francs!

On se rappelle que ce fut M. de Rothschild qui avança la somme pour retirer le tableau des mains du commissaire-priseur.

L'affaire de l'*Angelus* n'est pas plus claire que la Loterie des Arts décoratifs ; elle était préparée de longue main, c'est tout simplement un *coup de Bourse.*

Dans une feuille que je ne veux pas nommer, en 1869, on lisait ceci dans le compte-rendu du Salon :

« ... Oui, saluons aussi, en passant, le peintre Millet,
un des meilleurs. »

Dans le même journal, en 1870 :

« ... J'ai pensé qu'il était tout à fait inutile d'écrire
de longs articles pour dire que la peinture filandreuse
de M. Bouguereau, si chère aux amateurs, m'agace au
delà de toute expression; que M. Millet a *été quelquefois un grand peintre, mais qu'il n'est plus qu'une
grande ruine, quelque chose comme le Château d'Hei-
delberg, du Salon de 1870.* »

Dans le même journal, en 1889, lors de la vente du
tableau *l'Angelus*, on faisait de cette vente une question d'amour-propre national. Il ne fallait, à aucun
prix, laisser ce chef-d'œuvre aller à l'étranger; bref,
deux colonnes d'un lyrisme achevé.

Est-ce que, par hasard, l'auteur de ces appréciations,
à vingt ans de distance, n'aurait pas eu quelques bons
petits tableaux de Millet à écouler, qu'il avait achetés
lors du débinage de 1869 ?

Quel rôle a joué M. Antonin Proust dans ce petit
tripotage ?

Celui d'un gaffeur !

Il rêve d'être un jour le Nieuwerkerke républicain,
le surintendant des Beaux-Arts, comme il aura été, à
l'Exposition universelle, le président des présidents. Il
est déjà le ministre occulte des Beaux-Arts; ce n'est
pas assez, le panache n'est pas assez grand.

Il avait espéré que le ministre des Beaux-Arts, devant la scission des artistes, reprendrait la direction
du Salon, qui deviendrait officiel, et qu'il en aurait la

direction ; ce fait ressort plus qu'évidemment du langage des journaux qui sont à sa dévotion, le *Figaro*, la *République française,* le *Temps*, son moniteur officiel, sans compter ceux de moindre valeur.

Il a été déçu dans son ambition; mais le mal n'en est pas moins fait.

Il ne lui reste plus qu'une gaffe à commettre : faire recevoir *Olympia* au Louvre.

OPINION DE M. J.-P. LAURENS

« Il y a des dessous.... Certains esprits se sont aigris... On a parlé de cabales. Moi, je veux me tenir en dehors de toutes les coteries pour ne me préoccuper que de l'art.

» Pourtant, il me paraît difficile qu'il y ait place pour deux sociétés concurrentes, mais, si on m'écoutait, on aurait le moyen de clore le débat, et tout de suite.

» On trouve que les exempts sont en trop grand nombre, eh bien! qu'on fasse passer tout le monde devant le jury ; ceux-là seuls résisteront qui le pourront et tant pis pour ceux qui seront écartés.

» Il faut savoir faire des réformes ; moi, je voudrais, je le répète, que tout le monde comparût devant le jury, mais je voudrais aussi que le nombre des jurés fût diminué: les trois quarts sont inutiles.

» Sous l'Empire, il n'y en avait que quinze, et les

choses n'en allaient pas plus mal. Et quinze, c'est encore trop : dix suffisent.

» Il est, en effet, démontré que la même toile ne peut être examinée, en même temps par dix personnes ; or, tout le monde le sait, les opérations vont vite, pendant la période de l'examen, et on n'a pas le temps de se succéder devant le tableau qu'il s'agit de juger. Le chevalet passe, et c'est tout. Alors, puisque dix jurés sont occupés à la fois, à quoi sert-il qu'il y en ait quarante ?

» Et puis, il est plus facile de trouver dix hommes de grande valeur que quarante.

» Une chose m'a frappé dans le vote, c'est la spontanéité avec laquelle les assistants ont affirmé leurs craintes. On voit les exempts encombrer le Palais de l'Industrie. Et sans entrer dans le fond de la discussion, on peut dire qu'au Salon il y a trop de toiles ; le public se perd, effaré, au milieu de la masse des tableaux ; ce n'est plus une exposition, c'est une halle. »

Pour bien comprendre ce qui précède, il faut savoir comment au Salon se fait l'examen pour la réception des œuvres des artistes.

L'examen des œuvres à admettre au Salon se fait de deux manières différentes, selon leurs grandeurs.

Pour les tableaux de grandes dimensions, ils sont rangés contre le mur, les uns à côté des autres ; en avant une corde est tendue à un mètre de distance, c'est en dehors de cette corde que passent le président du jury d'admission et ses membres. S'arrêtant devant chaque toile, il admet ou refuse et indique un numéro de 1 à 5, qui, marquera la place que le tableau devra occuper : 1 c'est la cimaise, 2 le second rang, les autres c'est où l'on peut.

Pour les tableaux de petites dimensions, ils sont placés par série de quinze à la fois, sur des chevalets, devant lesquels sont groupés les membres du jury, pour chacun d'eux, le président demande l'admission ou le refus. Le vote a lieu à mains levées ; l'admission est acquise à la majorité ; toutefois à voix égale, elle est accordée.

Le jury d'admission a donc tout le temps nécessaire de procéder judicieusement à son examen, et l'opinion de M. J.-P. Laurens est exagérée.

V

OPINION DE M. ROLL

UNE fraction du comité n'approuve pas les travaux faits par les membres du jury, lesquels forment une autre fraction du comité.

» Par mesure de représailles, ces artistes assurent qu'ils ne mettront pas au *Livre d'or* les récompenses de l'Exposition universelle, et cela, parce qu'elles ont été décernées par des confrères.

» Au cours de la grosse discussion qui a eu lieu jeudi, j'ai proposé, les récompenses de l'Exposition universelle prenant le rang auquel elles ont droit, et, par ce fait, des exceptions devenant plus grandes, que le Comité décidât qu'une grande partie du local qui nous est réservé — la plus grande partie même, 1500 tableaux par exemple, sur 2500 — fut attribuée spécialement aux artistes qui n'ont pas encore eu de récompenses et qui sont assurément les plus intéressants.

» Le Salon n'est-il surtout pas fait pour les jeunes? Quant aux *exempts* et *hors concours,* s'ils arrivent en trop grand nombre, l'administration devra s'occuper de la place.

» En résumé, on ne pensera aux membres du jury que lorsque les nouveaux venus auront reçu satisfaction !

» Ce serait précisément le moment d'aller dire au ministre : Notre situation est telle que la place est devenue insuffisante et que nous vous demandons de nous donner le palais tout entier puisque maintenant les arts décoratifs doivent aller au Champ de Mars.

» Nous croyons que le gouvernement ferait acte de patriotisme en nous permettant d'organiser des expositions si parfaites, que les Allemands, qui cherchent depuis plusieurs années à rivaliser avec le Salon français par leur exposition de Munich, ne puissent plus caresser cette chimère.

» Il n'y a que ce moyen là de maintenir la paix dans la grande famille artistique. »

Par hasard, l'opinion de M. Roll est censée. Il a raison d'être tendre pour les jeunes qui, comme lui, n'ont pas trouvé, dans leur berceau, un titre de cinquante ou de cent mille livres de rentes pour commencer leur carrière, et surtout pour se payer le luxe d'un critique

assermenté, chargé de la mission de célébrer ses mé-
rites.

Mon Dieu ! oui, M. Roll est riche ; c'est pour le prouver qu'il peint de si grandes toiles, et comme l'eau va
toujours à la rivière, il est accablé de commandes par
le Conseil municipal.

Que M. Roll, qui est l'adversaire des médailles, puisqu'il est du côté où l'on n'en donnera pas, me permette
de lui raconter ceci :

— Je connais un peintre à qui un personnage fort
riche a commandé son portrait aux conditions suivantes, rédigées devant notaire et parfaitement enregis-
trées :

1º Mille francs pour mon portrait s'il n'est pas admis
au Salon ;

2º Deux mille francs s'il est admis ;

3º Trois mille francs si mon portrait obtient une
mention honorable ;

4º Cinq mille francs s'il est *médaillé*.

Je garantis l'authenticité de ces conventions.

Que M. Roll, qui a eu pour collègue, dans la société
Ernest II, M. Puvis de Chavannes, lui demande s'il est
vrai que le jour où il a reçu sa médaille d'honneur, il
en pleura à chaudes larmes.

Les jeunes qui iront se fourvoyer dans votre Salon
n'auront pas ce plaisir-là, monsieur Roll.

OPINION DE M. DALOU

« M. Dalou est intransigeant sur la question des artistes récompensés à l'Exposition universelle; il ne peut admettre qu'on fasse une injure aux artistes étrangers.

« Ayant été forcé de vivre à l'étranger par suite des événements politiques, ajoute-t-il, j'ai trouvé en Angleterre l'accueil le plus cordial.

» Dans les expositions organisées par l'Angleterre, les meilleures places étaient réservées aux étrangers; Fantin-Latour, Cazin, Lhermitte et Legros, ainsi que bien d'autres artistes, ont été accueillis à bras ouverts par l'Angleterre.

» A Bruxelles, à une exposition triennale, les Français occupaient le premier rang.

» Pourquoi alors ferions-nous une injure aux étrangers qui sont venus chez nous? »

M. Dalou ne se compromet guère; il a l'exil reconnaissant, personne ne peut songer à lui en vouloir.

Lui qui n'admet pas les médailles, veut-il me permettre de lui rappeler une petite anecdote, qui ne manque pas d'une certaine saveur ?

A une assemblée générale de la *Société des Artistes français*, un sculpteur de valeur, celui qui a fait le *Triomphe de la République*, pérorait, au milieu d'un groupe, contre les récompenses décernées aux artistes.

— Mais, pardon, dit le peintre Jourdeuil, il me semble que vous n'avez pas toujours été dans les mêmes idées; cela se voit à votre boutonnière. Si la croix vous gêne, rendez-la !

— Ah! non. Je préfère aller chez Meissonier.

Un ami fit remarquer à Jourdeuil qu'il était irrévérencieux :

— Tu ne sais donc pas à qui tu parles !

— Non.

— Eh bien! c'est à Dalou.

— Dalou! comme artiste, je le respecte; comme homme, je l'emm..... ène à la campagne.

OPINION DE M. CH. GARNIER

« Combien est grande ma tristesse! Nous étions si unis... Si la réconciliation ne se fait pas, c'en est fini, plus de Salon ! Il ne peut pas y avoir deux expositions... et le gouvernement reprendra le palais.

» Mais je n'ai pas perdu toute confiance, je veux espérer qu'elle se fera, la réconciliation. Nous sommes plus de trois mille associés, et, hier, il n'y a eu que 600 votants... Mais quels votants ! quel tumulte ! Quand on pense à la façon dont Meissonier a été accueilli ! Meissonier, une de nos gloires, un de ceux qui sont l'honneur de notre association !

» Moi, je n'ai pas donné ma démission, je veux voir

venir, mais je me retirerai si les dispositions prises hier sont maintenues.

» On trouve que nous avons donné trop de récompenses; mais je faisais partie du jury de l'Exposition, et je puis dire que presque tous les exposants en méritaient. Quoi d'étonnant à cela! Les toiles n'avaient été reçues qu'après un premier examen constatant leur valeur. Et puis on ne nous avait pas limité le nombre des récompenses à décerner, *sans cela nous aurions agi autrement... Mais tout nous paraissait digne, et nous récompensions tout.*

» M. J.-P. Laurens a dit qu'il était partisan de la suppression des exempts ? Cela me semble difficile : il est des maîtres qui ne peuvent accepter de subir, chaque année, un nouvel examen, et qui préféreraient ne pas exposer si cet examen leur était imposé... On verrait alors combien baisserait le niveau de nos expositions.

» Et puis, en art, la hiérarchie s'accepte... et beaucoup qui ont travaillé de longues années, méritent bien cette distinction qui est l'exemption.

» Mais il n'en est pas moins vrai que notre Société est à la veille de mourir, et je ne puis penser à cela sans tristesse, sans déplorer l'inconcevable aveuglement de mes camarades ».

OPINION DE M. KAEMPFEN

« Appelé au ministère pour une affaire de service, j'ai causé incidemment avec le ministre du vote d'hier; il m'a dit combien il en était affligé, il m'a dit aussi son intention de ne prendre une décision que lorsque le vote serait définitif.

» Il faut espérer, en effet, que tout s'arrangera ; les absents étaient nombreux à la réunion de la salle Saint-Jean et il est encore temps de revenir sur les résolutions qui ont été prises. Ces messieurs finiront peut-être par comprendre que leur intérêt est de rester unis et qu'il n'ont rien à gagner à faire de l'opposition à un gouvernement qui leur loue un franc par an le Palais de l'Industrie.

» Qui sait, la voix de la sagesse sera peut-être écoutée, et, en la circonstance, la sagesse parle par la bouche de M. Meissonier. Ses arguments sont convaincants.

» Les artistes se plaignent de ce que les récompenses ont été accordées en trop grand nombre aux étrangers ; *cela, à la rigueur, pourrait se discuter* ; mais, dans tous les cas, il en est de ces récompenses comme de la Légion d'honneur, qui est donnée plus facilement aux étrangers qu'à nos nationaux, ce dont personne ne se plaindra. *On sait faire la différence.*

» Les *mécontents* redoutent de voir leur exposition an-

nuelle encombrée par les envois des exempts ; mais ces
craintes sont puériles, car les statistiques sont là qui
démontrent combien peu nombreuses ont été les récompenses des précédentes expositions universelles qui ont
figuré au Salon les années suivantes.

» Les peintres qui habitent l'étranger y regardent à
deux fois avant d'envoyer une toile au Palais de l'Industrie. Quant aux étrangers qui résident à Paris, ils
s'y sont établis, pour la plupart, et on les considère
comme des camarades, comme des compatriotes ».

OPINION DE M. BARTHOLDI

M. Bartholdi est le président de la *Société des artistes libres ;* son opinion est donc des plus intéressantes,
surtout à cause du rôle joué par les membres de cette
Société dans la question des récompenses.

La *Société des artistes libres* est une commission
d'étude avancée ; c'est une sorte de comité de vigilance,
un club révolutionnaire, comme le *Club des saisons ;*
sa mission, ou du moins celle qu'il s'est imposée, est
de signaler les réformes qu'il croit utiles, et de formuler
des revendications. Les membres qui la composent,
pour la plupart gens de talent, ont eu, dans la
question de la scission, une attitude très correcte ; ce
sont eux les premiers, après toutefois Courbet en 1871,

comme on le verra à l'*Appendice*, qui ont demandé le roulement du jury, avec l'espoir, par ce moyen, d'en faire partie un jour, ce qui est naturel.

Cette Société a-t-elle une bien grande utilité ?

Ses membres en sont persuadés ; en tous cas, cela leur permet d'échanger leurs idées, de se sentir les coudes et de faire parler d'eux.

Ils ne manqueront pas de revendiquer comme leur appartenant les améliorations introduites par la *Société des artistes français*; il importe peu que l'idée soit d'eux ou d'un autre; l'important, c'est qu'elles soient faites.

Voici la lettre de M. Bartholdi ; elle fut publiée par un journal du soir :

« Paris, 4 janvier 1890.

» Mon cher ami,

» Vous avez bien voulu me demander si je pourrais vous donner quelques éclaircissements simples et précis sur la question qui agite le monde artistique en ce moment.

. . . .

» Vous rendrez service à tout le monde si vous contribuez à rétablir un peu de calme et permettre à chacun de se ressaisir. L'esprit des artistes est plus judicieux qu'on se plaît à le dire et un peu de sang-froid leur permettra de tout réparer.

» Les journaux parlent beaucoup trop de leurs agitations, de leurs « coteries ». Qu'on épargne aux artistes ces excitations; quand on ne fera plus la galerie autour d'eux, le calme reviendra.

» Quand on aura laissé de côté les questions personnelles, les mots échappés à chacun, les arrière-pensées prétendues des uns ou des autres, quand on n'envisagera que les faits, on sera étonné que la question ne soit pas résolue.

» La Société des Artistes français et les membres dissidents, après les débats qui ont eu lieu, se trouvent avoir *décidé les uns et les autres* qu'il n'y aurait *plus d'exempts du jury du Salon.*

» Il y a aussi accord dans les esprits de part et d'autre sur le *principe d'un roulement dans l'organisation du jury;* tout ce qui peut être désiré après cela n'est que de peu d'importance. L'entente sera donc facile, si chacun, comme il faut l'espérer, prend généreusement la résolution d'écarter les questions de personnes ou le souvenir des froissements.

» Telle est la situation simple des choses, car personne ne peut désirer la destruction de la Société, et les dissidents eux-mêmes ont déclaré que telle n'était pas leur pensée.

» Que l'on crée des sociétés particulières, qu'il y ait des nuances d'écoles, des groupes, des expositions séparées, tout cela est naturel; mais la grande Société doit être respectée par tous. Elle a été instituée pour être la famille des artistes de toute nuance, elle n'a pas manqué à son devoir jusqu'à présent, elle a fait beaucoup en peu d'années; le débat actuel lui-même ne serait

peut-être pas né si elle avait eu moins de sollicitude
pour les jeunes artistes. Elle a établi la solidarité des
intérêts, fortifié la défense de la propriété artistique,
créé une caisse de retraite ; elle soutient ses membres,
sous la forme la plus discrète et la plus fraternelle ;
peut-on songer à mettre en jeu l'avenir tout entier d'une
telle institution ? Un artiste qui s'en retirerait pour une
simple divergence d'opinion sur certains points, n'au-
rait-il pas quelque remords, en songeant qu'il prive du
bénéfice de sa solidarité des confrères intéressants ? On
peut, selon moi, discuter, critiquer, combattre, mais on
ne doit pas abandonner ce drapeau de la solidarité qui
plane au-dessus de tous les groupes.

» Je vous ai dit aussi, cher ami, de n'envisager que
les faits et de n'écouter que votre jugement ; vous voyez
que j'avais raison, puisque je n'ai pu m'empêcher d'exprimer une opinion.

» Recevez, etc.

» BARTHOLDI. »

OPINION DE M. LECOMTE-DU-NOÜY

« Vous désirez savoir ce que je pense de l'agitation
qui règne en ce moment parmi les artistes, et qui les
pousse à discuter et à se disputer, devrais-je dire, au
sujet de questions complètement indifférentes au but
que tous devraient poursuivre : *l'amour de l'art pour*

5.

l'art. Cette agitation me trouve tout à fait désintéressé, et sans doute incompétent pour la juger. Ayant besoin de toute quiétude d'esprit pour travailler, je reste, par volonté, complètement étranger à tous ces débats, constatant avec regret, de la part de mes confrères, une grande dépense de temps pour résoudre un problème purement administratif, et regrettant que toutes ces forces perdues ne soient pas utilisées pour des causes meilleures, celles de notre métier, qui exige une si grande tension d'esprit, un labeur incessant et un isolement presque complet de l'individu, même pour mener à moitié chemin une œuvre de courte haleine.

» Vous le voyez, je suis hors du courant, et ce que je pourrai vous dire sera sans doute inutile; je répondrai aussi brièvement que possible à votre question, vous laissant libre de tirer de mon appréciation la conclusion qu'il vous plaira.

» La scission qui s'est produite au sein de la *Société des artistes français* me paraît imposée par ce besoin de liberté, qui pousse souvent les hommes hors de la voie qu'ils veulent suivre, au-delà du but qu'ils se sont assigné.

» Cette Société même, manifestation évidente d'une tentative libérale, n'a pas répondu aux espérances du plus grand nombre; c'était pourtant un premier pas fait vers l'émancipation rêvée. En effet, on était fatigué du patronage officiel des Écoles, de son enseignement pédagogique, dont les élèves ne pouvaient tirer profit au dehors; on voulait autre chose; on fonda la *Société des artistes français.*

» Ce nouveau patronage, seigneur à 90 têtes issu d'un vote qui l'avait appelé pour d'autres fonctions, héritait de son prédécesseur, conservait ses abus, s'installait dans ses bottes et fermait sa porte.

» Les écoles du gouvernement, mises à l'index, laissaient le champ libre aux entreprises particulières, et l'on vit éclore ces couveuses artificielles qui jetèrent sur le pavé une nouvelle foule pleine d'appétits et de besoins.

» Cette quantité non négligeable, bien enrégimentée entre des mains habiles, devint un appui précieux, pesant dans la formation du jury, ce grand distributeur des places et des récompenses.

» Les barnums, après avoir excité à la production commerciale, virent leurs marchés à l'étranger à peu près fermés, si bien que, écartés d'un côté, à pied de l'autre, et ne vendant plus, les artistes, découragés, s'aperçurent un peu tard qu'ils n'avaient guère gagné au change ; voulant se reprendre, ils rêvèrent à cette autre chose idéale : *la liberté*.

» Le premier prétexte venu leur suffit pour revendiquer leurs droits ; la scission s'imposait, et les promoteurs en furent les agents inconscients.

» A quoi cela aboutira-t-il ?

» Je ne sais ! Le trouble régnera peut-être encore longtemps parmi nous, à moins qu'une ancienne autorité ne vienne ressaisir la haute direction un instant abandonnée, tutelle impersonnelle émanant d'un groupe d'hommes éminents, dignes héritiers de ces grandes et saines traditions d'art qui furent les mêmes gloires de

toutes les époques, imposant un joug, c'est vrai, mais
léger et sans déchéance pour celui qui le subira. »

Les craintes exprimées par M. Lecomte-du-Noüy ne
se réaliseront pas ; aucune autorité ne songe à reprendre la tutelle du Salon.

OPINION DE Mᵐᵉ BERRIA-BLANC

« Mon opinion sur la *grave* question du jour que
vous avez bien voulu me demander est, qu'à moins de
faire partie d'un de ces ateliers de peinture qui *profitent seuls* des places disponibles au Salon, on ne peut
considérer comme équitable et courtois le procédé qui
consiste à ne pas reconnaître aux médaillés de la
grande Exposition le même droit qu'aux autres. »

OPINION DE M. SIGNAC

Paris, 15 janvier 1890.

« Les rythmes mystérieux des lignes et les triom-
phantes harmonies des couleurs m'inquiètent beaucoup
plus que les mesquines agitations des messieurs peintres.

» Je n'ai jamais envoyé et je n'enverrai jamais au

Salon. Je me soucie donc fort peu de l'oléagineuse entreprise qui, chaque Mai, balaye les crottins du Concours Hippique.

» Mon avis sur la question du jour, vous me voulez bien demander : On désire abolir les récompenses, ces scolaires confitures. — Parfait. — Mais ne serait-il pas plus urgent de supprimer d'abord cet atrabilaire sécateur, le Jury ?

» P. SIGNAC. »

On voit bien à sa lettre que Signac fait partie des *Indépendants;* il est logique et conséquent avec lui-même.

OPINION DE M. RAFFAELLI

« Monsieur,

« Vous me demandez ce que je pense des Médailles ? — Au point de vue artistique, elles sont sans justice possible et faussent, par conséquent, le goût du public, — tout en décourageant les vrais méritants. Etablies, elles entraînent le désir de les obtenir, d'où, toutes les concessions au goût du jour. Excellentes pour les enfants, qu'elles stimulent, elles sont mauvaises pour des hommes qui, en pouvoir de jugement, se rendent vite compte de la voie à suivre pour les atteindre. Elles abaissent donc les caractères ; or, sans hauts caractères, sans caractères indépendants, pas d'art élevé et puissant. — Mais j'ai longuement répondu sur ce sujet à M. Emile Blavet, qui a publié cette conversation dans le *Figaro*, du lundi 27 janvier, auquel je vous renvoie.

» Veuillez bien agréer, cher monsieur, mes parfaites salutations.

» J.-V. RAFFAELLI.

» Asnières, 16 février 90. »

J'ai lu très attentivement le journal que me signale M. Raffaëlli; il est assez difficile de résumer cet article, qui, en somme, ne nous apprend rien de nouveau, si ce n'est que l'article n'est pas tendre pour le prix de Rome :

« . . . .
L'élève concourt pour le prix de Rome et ne le conquiert qu'au prix de toutes sortes de concessions et d'abdications... Car, voyez-vous, les récompenses, c'est bien pour les enfants qu'elles stimulent... mais c'est funeste aux hommes mûrs qui, plus raisonneurs, voient trop par quelles filières on y peut atteindre... D'où l'irrémédiable lâcheté des esprits !... Si l'élève a le prix de Rome, il s'exile pour quatre ans, et se trouve, au retour, pendant trois autres années, à la tête de quatre mille francs de rente, grâce au legs fait à l'Académie par Mme de Caen, une de ces personnes millionnaires qui, en consacrant à des fondations de ce genre quel-

ques bribes de leur fortune, veulent entrer dans la postérité... par la porte de service. »

Madame de Caen ne mérite pas cette attaque, car bon nombre de gens lui doivent d'être parvenus à quelque chose... pas par la porte de service.

OPINION DE M. F. RÉGAMEY

« C'était à prévoir, c'est une petite révolution qui devait fatalement arriver un jour ou l'autre. L'imnipotence du Comité devenait par trop insupportable ; aucun des désirs des artistes ne trouvait grâce devant lui. La question de l'exemption n'est qu'un prétexte, on voulait tuer le Comité, et l'on ne pouvait mieux faire qu'en votant ce que M. Bouguereau demandait. C'est ensuite un acheminement vers la suppression complète de la qualité d'exempt. Suppression que ce même Comité qui vient de faire cette proposition, funeste pour lui, avait refusée.

» On a assez des règlements actuels, dont on demande la revision. Avec ces règlements, il s'est formé une sorte de syndicat hors duquel il n'y a pas de Salon ; depuis longtemps j'ai demandé, avec d'autres de mes confrères, que l'on établisse un jury roulant, c'est-à-dire qui soit renouvelable annuellement, et dont un certain nombre de membres ne puissent être réélus que tous les deux ou trois ans. »

VI

N des Membres fondateurs de la *Société
nationale des Beaux-Arts, interwiewé*
par un journaliste, lui répondit ceci :
« Nous ne faisons nullement acte
d'hostilité envers la *Société des Artistes
français*. Ce serait une très grave erreur de le croire.
Vous connaissez suffisamment les faits qui ont provo-
qué la rupture pour que j'y revienne.

» Il était de notre dignité d'agir comme nous venons
de le faire. Et nous n'avons pas hésité un seul instant.

» Du reste, tous, nous sommes pleins de courage, très unis, certains de la réussite. Il va de soi (je viens de le dire) que nous ne chercherons aucunement à nuire à la *Société des Artistes français*, comme nous espérons bien, par contre, qu'elle usera de la même réserve envers nous.

» Nous avons pour but d'encourager, par des expositions annuelles, les manifestations artistiques, sous quelque forme qu'elles se présentent : peinture, sculpture, gravure, architecture, et nous ne négligerons rien pour faire triompher notre programme, et surtout pour qu'on ne s'en écarte jamais.

» Ainsi, pour éviter *les gros inconvénients des récompenses, nous avons résolu de les supprimer*.

» Je sais bien qu'une médaille, une mention, fait un bien grand plaisir à l'artiste qui l'obtient; mais c'est peu de chose que ce plaisir, lorsqu'on considère que la plupart du temps *ces récompenses étaient en grande partie décernées par le favoritisme*. Je ne parle point de tous les cas, mais cela s'est produit, et c'est suffisant pour qu'on veuille à présent *se préserver de cet inconvénient*. On peut également objecter que les récompenses, affichées sur un cadre, attirent l'attention du gros public sur les talents inconnus? Oui, outre que la question est mesquine en elle-même, *car c'est une question de marchand*, on ne doit y voir, en vérité, qu'une objection spécieuse.

» Nous aurons, en effet, sur les bénéfices, un fonds réservé pour des achats. Un inconnu qui fera preuve de talent en bénéficiera. Et comme, fatalement, le talent s'affirme et s'impose, il ne perdra rien, ce jeune homme, pour avoir attendu, *ce ne sera plus le suffrage universel, la ligue de coteries, la camaraderie,* qui feront connaître son nom, ce sera l'admiration du public, fixée par celle des connaisseurs. Et ce jeune homme, pour n'avoir eu ni mention, ni médaille, n'en deviendra pas moins un artiste, comme on dit, *coté,* mais il aura, par dessus le marché, un vrai, un solide talent, car il aura dû compter sur son seul mérite pour arriver.

» Un second point : nous n'aurons pas d'exemption. Tout le monde passera devant le jury, jeunes et vieux. L'âge, pas plus que le temps, ne doit rien faire à l'affaire ; on ne doit pas juger un tableau d'après celui qui l'a peint, mais d'après sa valeur réelle. Et, enfin, pour que cela se passe avec une absolue régularité, nous aurons recours au roulement du jury. Cela évite la constitution des petites églises, laisse le champ libre, les portes plus largement ouvertes à tous indistinctement.

» Vous voyez ce que nous voulons faire, une chose sérieuse, tout à fait sérieuse, n'ayant qu'une seule préoccupation en tête, l'avenir de l'art, et je veux vous le répéter, nous ne nourrissons, ni les uns ni les autres, des sentiments d'amertume ou d'hostilité contre la Société des Artistes. Deux sociétés ! cela créera une émulation ! et qui sait ? c'est peut-être une chose excellente pour l'art français ».

Cette déclaration, empreinte d'une grande sincérité et même peut-être de conviction, est très instructive.

Ainsi, pour éviter les gros inconvénients des récompenses, nous avons résolu de les supprimer.

Voilà un moyen rationel; mais qui parle ainsi?

Un membre fondateur de la *Société nationale des Beaux-Arts.*

Voici la situation de ces Messieurs qui fulminent contre *le gros inconvénient des récompenses :*

MEISSONIER *(Jean-Louis-Ernest), Médaille* 3me *cl. 1840,* 2me *classe 1841,* 1re *classe 1843, Chevalier de la Légion d'honneur 1846, Médaille* 1re *classe 1848, grande Médaille 1855, Officier de la Légion d'honneur 1856, Membre de l'Institut 1861, Médaille d'honneur 1867, Commandeur de la Légion d'honneur 1867, Grand Officier de la Légion d'honneur 1878, Grand-Croix de la Légion d'honneur 1889.*

CAROLUS-DURAN, *Médailles 1866, 1869 et 1870, Chevalier de la Légion d'honneur 1872, Médaille* 2me *classe 1878, Officier de la Légion d'honneur 1878, Médaille d'honneur 1879.*

CAZIN *(Jean-Charles), Médaille* 1re *classe 1880, Chevalier de la Légion d'honneur 1882.*

DUEZ *(Ernest-Ange), Médaille* 3me *classe 1874,* 1re *classe 1879, Chevalier de la Légion d'honneur 1880.*

FANTIN-LATOUR *(Henry), Médaille 1870,* 2me *classe 1875, Chevalier de la Légion d'honneur 1880.*

GERVEX *(Henry), Médaille* 2me *classe 1874, rappel 1876, Chevalier de la Légion d'honneur 1882.*

PUVIS DE CHAVANNES, *Médaille* 2me *classe 1861,*

Médaille 1864, Médaille 3me classe 1867, Chevalier de la Légion d'honneur 1867, Officier de la Légion d'honneur 1879, Médaille d'honneur 1882.

ROLL *(Alfred-Philippe), Médaille 3me classe 1875, 1re classe 1877, Chevalier de la Légion d'honneur 1883.*

GALLAND *(P.-V.) Chevalier de la Légion d'honneur 1870, Officier 1883.*

DALOU *(Jules), Médaille 1870, Médaille d'honneur 1883, Chevalier de la Légion d'honneur 1883, Officier de la Légion d'honneur 1889.*

DAGNAN-BOUVERET, *Médaille 3me classe 1878, 1re classe 1880, Chevalier de la Légion d'honneur 1885.*

BRACQUEMOND *(Félix), Médaille 1868, 2me classe 1872, 1re classe 1881, Chevalier de la Légion d'honneur 1882, Médaille d'honneur 1884.*

RODIN *(Auguste), Médaille 3me classe 1880, Chevalier de la Légion d'honneur 1888.*

BESNARD *(Paul-Albert), Prix de Rome 1874, Médaille 3me classe 1874, 2me classe 1874, 2me classe 1880, Chevalier de la Légion d'honneur 1888.*

WALTNER *(Charles-Albert), Prix de Rome 1868, Médaille 1870, 2me classe 1874, Médaille 1re classe 1880, Médaille d'honneur 1882, Chevalier de la Légion d'honneur 1882.*

Cette énumération laborieuse me rappelle ce joli mot d'un égoïste célèbre.

Il est attablé devant une splendide poularde qui exhale un parfum de truffes à réveiller un mort.

Un de ses fermiers vient de faire six lieues à pied, par un froid épouvantable, pour lui apporter ses loyers. Il se tient debout devant la table, il couve la poularde des yeux; ah! s'il pouvait en manger une aile; au besoin il se contenterait de la carcasse; l'égoïste s'aperçoit du désir du paysan.

— Mon ami, lui dit-il, tu aimes le poulet?

— Oh! oui, j'en mangerais bien.

— Eh bien...

Le paysan allait s'asseoir; l'égoïste retira la chaise, puis continua :

— Tu aimes le poulet? tu diras à ta femme qu'elle t'en fasse cuire un !

— Mais il n'y en pas chez nous!

. . . .

La plupart du temps, les récompenses étaient décernées en grande partie par le favoritisme, dit ce membre fondateur de la *Société nationale des Beaux-Arts;* ce n'est pas aimable pour ses confrères, et encore moins pour M. Meissonier.

Nous savons que le point de départ de la scission fut la question des récompenses de l'Exposition universelle de 1889; or, si on consulte la liste des récompenses décernées par le jury, dont M. Meissonier était le président, on reste, en effet, confondu, en présence du *favoritisme* honteux, impudent, qui a présidé à la répartition des récompenses; jamais, du reste, le nombre n'en avait été aussi grand, et si l'on fait l'addition, l'on s'arrête à un chiffre énorme; d'ailleurs, en voici le tableau exact :

PEINTURE

Grands prix 31
Médailles d'or 133
—   argent. 239
—   bronze. 180
Mentions. 358

           583   médailles.
           358   mentions.
Ce qui fait : 941   récompenses.

ARCHITECTURE

Grands prix 13
Médailles d'or 28
—   argent. 39
—   bronze. 46
Mentions. 27

           126   médailles.
           27   mentions.
Total : 153   récompenses.

SCULPTURE

Grands prix 20
Médailles d'or 55
—   argent. 60
—   bronze. 121

           256   médailles.
           100   mentions.
Total : 356   récompenses.

GRAVURE

Grands prix   7
Médailles d'or   18
     —   argent.   21
     —   bronze.   26
Mentions.   21

         72   médailles.
         21   mentions.
    Total : 93   récompenses.

Total des récompenses   1543
Médailles.   1037
Mentions.   506

Et maintenant, si l'on consulte la liste des membres du jury, on est davantage confondu en lisant les noms suivants : *Meissonier, Carolus-Duran, Cazin, Duez, Fantin-Latour, Gervex, Puvis de Chavannes, Roll, Galland,* etc., et la stupéfaction ne connait plus de bornes quand ces messieurs crient au FAVORITISME et qu'ils fondent la *Société nationale des Beaux-Arts,* qui elle, n'en fera jamais, malgré qu'ils soient à sa tête!

Quel est donc le prophète puissant qui les a convertis, et leur fait faire amende honorable?

Quel est donc la clef de ce mystère.

Le vieux proverbe dit qu'il ne faut jamais parler de corde dans la maison d'un pendu ; ne parlez donc pas de *favoritisme,* messieurs, *de coteries, d'églises, de camaderie,* vous crachez en l'air et ça vous retombe sur le nez.

Les voici, les preuves éclatantes de votre *favoritisme* :

Nils Forsberg exposait au Salon de 1888, sous le nº 1014, son admirable toile : *la fin d'un héros, souvenir du siège de Paris.*

Ce tableau magistral, à la presque unanimité d'un jury français, composé de peintres éminents, lui valut une *première médaille.*

La presse entière rendit justice à l'artiste et ratifia la décision du jury.

Un an ou deux auparavant, un peintre Suédois, *Richard Bergh*, possesseur d'une médaille d'argent de troisième classe, qui lui avait été décernée en 1883, avait exposé au Salon du Palais de l'Industrie, le *portrait de sa femme*, pour lequel le jury ne lui décerna pas même *une mention honorable.*

Ce tableau médiocre passa inaperçu, la critique ne s'en occupa même pas.

A l'Exposition universelle, au champ de Mars, *Nils Forsberg* exposa *la fin d'un héros,* qui lui avait valu une *première médaille.*

Richard Bergh exposa le *portrait de sa femme.*

Voici la conséquence de l'impartialité de MM. les membres du jury :

Richard Bergh obtint LE PREMIER PRIX.

Nils Forsberg obtint *la médaille d'argent.*

Etrange phénomène ! Ce tableau de *Nils Forsberg* avait perdu les qualités maîtresses qui lui avaient valu du premier coup une grande distinction de la part des maîtres français dans le trajet du Palais de l'Industrie au Champ de Mars, tandis que le contraire s'était produit pour le tableau de *Richard Bergh,* lequel, dans ce même trajet, était devenu un chef-d'œuvre.

Mais les dissidents, qui se plaignent de ce que les artistes qui composent *la Société des Artistes français* aient voulu casser leur verdict, ont donné l'exemple en accordant une simple médaille d'argent à un artiste, honoré pour la même toile, d'une première médaille ; ils ont cassé le verdict des membres du jury du Salon de 1888 !

On pourrait répondre : le jury était composé de *trente-trois* membres étrangers et seulement de *vingt-six français* ; l'élément étranger l'a emporté sur l'élément français.

Cette raison serait plus que mauvaise, car alors les membres du jury français pouvaient prévoir les conséquences de leur verdict et donner leur démission, en en expliquant les motifs au public ; ne l'ayant pas fait, ils sont solidaires !

Continuons l'examen instructif des récompenses de l'Exposition universelle par ceux qui ne veulent plus du *favoritisme.*

Chelmonski, peintre Russe, qui, jusque-là n'avait pu obtenir qu'une *mention honorable* aux exposition précédentes, était fait d'emblée *grand prix.*

Franz Courtens, honoré d'une médaille de 3ᵉ classe en 1884, était fait *grand prix* dans la section Belge.

Comme chez le fameux Nicolet, de plus en plus fort !

Moore, section Anglaise, et *Werenskiold,* section Norwégienne, qui n'avaient pas été mentionnés dans les expositions précédentes, obtinrent chacun *un grand prix*.

C'est extraordinaire comme l'Exposition universelle a révélé de talent ! La cause en est sans doute au soleil du Centenaire de 1889, qui a voulu faire pour l'art ce que le soleil d'Austerlitz fit jadis pour Napoléon Ier !

Poursuivons, pour les médailles d'or ; c'est encore plus raide.

Anchet et *Otto Bache*, Danemark ;

Bazzaro, Carcano, Ciardi, Morbelli et *Sartorio*, Italie ;

Markowski et *Szymanowski*, Russie ;

Ribarz, Autriche-Hongrie ;

Verstraete et *Alexandre Struys*, Belgique ;

Burne, Jones, Ladson et *Leader*, Angleterre, n'avaient jamais rien obtenu aux Salons antérieurs, ils furent d'emblée bombardés de la *médaille d'or*.

Jamefell, du Grand-Duché de Finlande, un jeune, très jeune, qui avait peine, chaque année, à être admis au Salon annuel du Palais de l'Industrie, reçut également la *médaille d'or*.

Mademoiselle Breslau, Suisse ;

Hynais, Autriche-Hongrie ;

Claus, Belgique ;

Maris, Pays-Bas,

n'ayant eu, jusque-là, qu'une *mention honorable*, obtinrent *la médaille d'or* !

J'en oublie certainement, mais ces exemples sont assez frappants pour me dispenser d'insister.

C'est égal, ils ne peuvent pas dire qu'ils n'ont pas été récompensés... républicainement !

Quant aux peintres français, ce jury, qui se montra
si large pour les peintres étrangers, ne peut être accusé
de *favoritisme* ; car il se rattrapa sur eux, en leur accordant parcimonieusement, et comme par charité, on
peut le dire, des récompenses dérisoires, qui étaient
plutôt une insulte !

Parmi les peintres français récompensés, je relève
celles-ci :

BENJAMIN CONSTANT, *médaille 3ᵉ classe 1865, 2ᵉ*
classe 1876, médaille de 3ᵉ classe 1878, même an-
née chevalier de la Légion d'honneur, officier de la
Légion d'honneur en 1884.

Libéralité du jury de l'Exposition universelle : PRE-
MIÈRE MÉDAILLE !

SAINT-PIERRE, *médaille en 1868, 2ᵉ classe en 1879,*
chevalier de la Légion d'honneur en 1881.

En 1889, au Champ de Mars : MENTION HONORABLE !

BRAMTOT, *médaille de 3ᵉ classe en 1879, prix de*
Rome même année, 2ᵉ classe en 1885 ;

MAURIN, *médaille de 3ᵉ classe ;*

DEBAT-PONSAN, *médaille de 2ᵉ classe 1874, cheva-*
lier de la Légion d'honneur en 1881 ;

ROCHEGROSSE, *médaille de 3ᵉ classe 1882, 2ᵉ classe*
1883, prix du Salon, même année ;

Tous quatre se virent décerner par le jury, qui ne
veut pas de *favoritisme,* UNE MENTION HONORABLE !

Pour celui-ci, cela paraîtra invraisemblable comme
un conte de fée.

Parmi les sculpteurs, M. BARTLETT, qui n'était honoré

que d'une *mention honorable*, obtint la *médaille d'honneur*.

Il faut dire que M. *Bartlett* est Américain, et que M. Meissonier est plein de tendresse pour les États-Unis, qui couvrent ses toiles de dollars.

Ce fut, sans doute, pour se faire excuser une si petite part de récompenses accordées à des peintres français, d'un talent et d'une valeur indiscutables et incontestables, que le jury distingua M. *Raffaëlli*, qui n'était honoré que d'une *mention*, et qu'il lui accorda une *médaille* d'or, et qu'il reçut ensuite la croix de la Légion d'honneur !

Ce fut aussi, sans doute, pour la même raison que M. *Meissonier fils*, qui n'avait, depuis 1866, qu'une *troisième médaille*, se trouva vingt-trois ans plus tard, sans avoir jamais rien pu décrocher aux expositions intermédiaires, recevoir la *médaille d'or* et *crucifier* par dessus.

C'est mettre en pratique, j'espère, le fameux système des compensations.

Est-ce que le jury de l'Exposition universelle de 1889 aurait, pour ces deux dernières croix, procédé comme le colonel Maud'huy ?

Lors de la révolution de juin 1848, la bataille était acharnée faubourg du Temple ; les insurgés, embusqués derrière les barricades formidables qui s'élevaient à l'angle de la rue Fontaine-au-Roi, de la passerelle du canal, du quai Valmy, tiraient sur les troupes qui arrivaient par le boulevard et remontaient le bas du faubourg pour les prendre d'assaut. La mitraille pleuvait, les balles sifflaient dans le faubourg; les fantassins rasaient les maisons en attendant que les canons, braqués à l'angle du faubourg et du boulevard du Temple, aient déblayé le terrain. Le colonel Maud'huy commandait la colonne. A un moment donné, les insurgés ripostaient aux canons avec une telle énergie, que les soldats durent s'abriter sous les portes pour laisser s'apaiser l'ouragan de mitraille.

Le colonel Maud'huy entra sous la porte du numéro 17; il vit alors, non sans surprise, un tambour, tranquillement assis sur sa caisse, fumant sa pipe, sans avoir l'air de s'occuper de ce qui se passait dans le faubourg.

— Que fais-tu là? lui dit le colonel.

— Mon colonel, je me repose.

— Tu devrais être à ton poste de combat.

— Mon colonel, je suis fatigué.

— Donne-moi ton nom; tu auras quinze jours de salle de police.

— Léopold Moulin, 1re du 2e.

Le colonel inscrivit sur son carnet le nom du tambour. A ce moment, le faubourg était libre, le canon avait accompli son œuvre. Le tambour prit sa caisse et battit la charge comme un enragé.

Quelques jours après la bataille terminée, le colonel dut faire, pour les soldats qui s'étaient distingués, des propositions de récompenses. Il ouvrit son carnet, et, parmi les noms qu'il y avait inscrits, il lut : Léopold Moulin, 1re du 2e. Il le porta pour la croix, ne se souvenant plus qu'il lui avait flanqué quinze jours de salle de police ; il avait oublié de les mentionner sur son carnet.

Qui fut stupéfait, quand, au lieu d'aller au *bloc*, on lui donna la croix ? Ce fut le tambour. Il ne réclama pas !

MM. *Raffaëlli* et *Meissonier* imitèrent l'exemple du tambour : ils ne réclamèrent pas !

Il y a, dans la répartition des récompenses faites par le jury de l'Exposition universelle, un détail tout particulier qu'il est bon de signaler aux artistes. Ils y verront une nouvelle preuve flagrante de son *impartialité* et de sa haine du *favoritisme*.

Sur *deux cents médailles, dix-sept* seulement furent attribuées aux anciens élèves de l'atelier Julian !

Pourquoi ?

C'est assez délicat à expliquer ; mais, pendant que j'y suis, autant mettre les pieds dans le plat.

Parce que les élèves des ateliers Julian sont gens à éliminer, et que cette élimination était le précurseur d'un plan mûrement arrêté, après avoir été longuement médité, plan dont le premier acte a été la scission du groupe de dissidents avec la *Société des Artistes français* ; le deuxième acte, les attaques dont l'académie Julian a été l'objet de la part des journaux à leur solde ; le troisième acte, la constitution de la *Société nationale des Beaux-Arts*. Le quatrième acte... c'est l'avenir qui lèvera le rideau !

Pour bien comprendre, il faut savoir que *les artistes récompensés à titre d'étrangers* ne sont pas admis à voter pour le jury du Salon, en vertu de l'article 12 du règlement, tandis que les peintres français, dont la plupart sortent des ateliers Julian, sont des électeurs dangereux pour les dissidents!

Pour compléter ce chapitre, il est bon de publier, pour l'édification des lecteurs, les noms des membres du jury de l'Exposition universelle qui ont fondé la nouvelle société :

MM. MEISSONNIER,   MM. GERVEX,
    CAROLUS-DURAN,   PUVIS DE CHAVANNES,
    CAZIN,   ROLL,
    DUEZ,   GALLAND.
    FANTIN-LATOUR,

VII

Tout naturellement, à la suite de la distribution des récompenses, décernées
comme nous venons de le voir dans
le chapitre qui précède, des réclamations devaient se produire; ils s'en
produisit en effet.

M. Ad. Yvon écrivit à M. Antonin Proust la lettre
suivante :

12 juillet 1889

« Monsieur le Commissaire spécial,

» J'apprends à l'instant que le jury des Beaux-Arts
m'a décerné une médaille de 3ᵉ classe.

» Je ne suis pas d'humeur à me prêter à une comédie

d'aussi mauvais goût, et je m'empresse de vous prier de vouloir bien faire savoir au jury que je refuse cette récompense.

» Agréez, monsieur le Commissaire spécial, l'expression de mes sentiments distingués.

» AD. YVON. »

M. Antonin Proust s'empressa d'écrire ceci à M. Ad. Yvon, en réponse à sa lettre :

17 juillet 1889.

« Monsieur,

» J'ai l'honneur de vous accuser réception de votre lettre du 12 juillet.

» M. le président du jury, à qui j'ai communiqué votre refus, m'a fait observer qu'il reposait sur une erreur de faits ; il n'est effectivement pas exact que le jury vous ait attribué une médaille de troisième classe.

» M. Meissonier, dont je ne fais ici que vous transmettre les paroles, vous expliquera, si vous voulez bien vous adresser à lui, comment, la haute récompense pour laquelle votre nom avait été proposé tout d'abord n'ayant pas réuni la majorité, *il avait cru devoir, par respect pour votre situation artistique*, vous considérer dès lors comme hors concours, et de s'abstenir de vous mettre en avant pour des récompenses inférieures.

» Je transmettrai néanmoins votre protestation au

jury de groupe si, les faits ainsi rétablis, vous le croyez encore nécessaire.

» Agréez, monsieur, l'expression, etc.

> » *Le Député, Commissaire spécial des Beaux-Arts,*
>
> » ANTONIN PROUST. »

Que signifiait cette lettre nébuleuse, rédigée en termes alambiqués qui ne disaient rien du tout ?

Pas grand'chose. Elle décelait l'embarras de son auteur pour faire une réponse plausible à M. Ad. Yvon, dont voici la situation artistique :

Médaille 1re classe 1848, 2e classe 1855, chevalier de la Légion d'honneur même année, médaille d'honneur 1857, médaille 2e classe 1867, officier de la Légion d'honneur même année.

M. Ad. Yvon répondit à M. Antonin Proust par cette lettre qui n'admettait pas de réplique :

18 juillet 1889.

« Monsieur le Commissaire spécial,

» Ma situation artistique (ainsi que vous avez bien voulu me le dire) me place sur un terrain d'où j'ai pu, non sans sourire, assister aux ébats du jury des Beaux-Arts à l'Exposition universelle.

» *Mon seul souci a été de me préserver des éclaboussures.*

» Vous m'affirmez que je n'ai pas été atteint; je m'en

félicite et vous prie, monsieur le Commissaire spécial délégué, d'agréer l'expression, etc.

» AD. YVON. »

C'est laconique, mais pas tendre pour ceux qui ont reçu *les éclaboussures* du jury.

M. Benjamin Constant, lui, au moins, ne dépense pas des flots d'encre, il adresse à M. Meissonier la lettre suivante :

19 juillet.

« Monsieur le Président,

« Je refuse la première médaille qui m'a été votée.

« Veuillez agréer, monsieur le Président, l'assurance de ma respectueuse considération.

« BENJAMIN CONSTANT. »

Celle-ci se passe de commentaires :

19 juillet.

« Monsieur,

« Un mouvement de protestation est en train de se produire, grâce à l'initiative de quelques artistes froissés par les décisions d'un jury à la composition duquel ils auraient été, en majeure partie, étrangers.

« Je me permets de protester à mon tour, sans plus attendre la ratification, par M. le Ministre des Beaux-

Arts, de la médaille de deuxième classe qui m'a été décernée.

« Médaille de troisième classe en 1851 ; — deuxième classe 1855 (Exposition universelle), rappel 1859 ; — première classe 1861, rappel 1863, nommé chevalier de la Légion d'honneur en 1865, je ne puis accepter, sans déchoir, cette *distinction* que vient de m'adjuger le jury de l'Exposition universelle, car je considère qu'une médaille n'est réellement une récompense qu'à la condition de ne pas diminuer une situation acquise.

« Veuillez agréer, monsieur, l'assurance de ma considération la plus distinguée.

« D. LAUGÉE. »

Autre refus :

« Les Bruyères-Sèvres, 11 juillet.

» Monsieur le Président,

» Je m'empresse de décliner l'honneur que m'a fait le jury en me décernant une médaille, non pour le vain plaisir de me faire remarquer, mais pour attirer l'attention des gens de bonne foi sur la caducité de ces sortes de récompenses dans le domaine des Beaux-Arts.

» De même que l'Académie couronne des œuvres littéraires d'un caractère spécial et abandonne les autres à leurs destinées, ainsi l'Institut, qui seul, chez nous, représente une doctrine, est seul en état de récompenser

7

ses adeptes et ses disciples! Mais puisque c'est par de perpétuels et inévitables compromis que les jurés élus, de valeur et de tendances diverses et mêmes discutées, parviennent à s'entendre, que peuvent bien signifier leurs jugements?

» A mon humble avis, des centaines de médiocrités, appelées ainsi à croire en eux, parce qu'ils sont primés, sont plus dangereux pour l'*Art* que les souffrances incomprises et fécondes d'un martyre de génie inutile, au vrai talent. Incertaines, comme guides, elles risquent de fausser l'opinion et d'abaisser les caractères : c'est ce qui les condamne.

» En ce qui me concerne, est-ce pour m'encourager qu'on a songé à moi? Il est bien tard! Est-ce pour me glorifier? Hélas! j'ai plus d'orgueil que de vanité, et tous les honneurs du monde ne vaudraient pas pour mes œuvres la propre estime que j'en voudrais avoir.

» Agréez, monsieur le Président, l'assurance de mon profond respect.

» JULES GARNIER. »

« *A monsieur le Président du jury de peinture de l'Exposition universelle*

» Monsieur le Président,

» En demandant l'admission de mes tableaux à l'Exposition universelle, je me soumettais par cela même, aux décisions du jury des récompenses.

» Mais je ne pouvais prévoir, en ce moment, la classification inattendue que ce jury réservait aux artistes français et de quelle manière il allait renverser la hiérarchie qu'ils doivent à leurs récompenses antérieures.

» Il a bien voulu me décerner une troisième médaille, permettez-moi de décliner cet honneur.

» J'écris aujourd'hui dans le même sens à M. le ministre du commerce, commissaire général de l'Exposition.

» Veuillez agréer, monsieur le Président, l'expression de mes sentiments les plus respectueux.

» LÉON COMERRE,

» Artiste peintre. Prix de Rome en 1875, 3ᵉ médaille en 1875, 2ᵉ médaille et hors concours en 1880. Chevalier de la Légion d'honneur en 1885. »

« Monsieur le Président,

» A mon tour, je viens déclarer que la médaille que le jury de peinture m'a votée ne me convient pas, et que je la refuse pour les raisons suivantes :

» Dès l'ouverture de l'Exposition universelle, j'ai réclamé auprès de M. le Commissaire spécial contre les mauvaises conditions dans lesquelles se trouvaient exposés mes tableaux, disséminés dans cinq salles différentes, au rez-de-chaussée et au premier étage; l'un d'eux, l'*Étienne Marcel*, est hissé si haut qu'il en devient absolument invisible. Cette réclamation est restée sans réponse et sans effet.

» D'autre part, j'ai vivement regretté que le jury n'ait pas cru devoir prendre connaissance de mes peintures décoratives du troisième arrondissement, portées cependant au Catalogue.

» Dans ces conditions, si préjudiciables à la vue et à la comparaison de mes œuvres et qui rendent le concours inégal, je ne puis accepter la décision du jury.

» Veuillez agréer, etc., etc.

» D. MAILLART,

Grand prix de Rome. — Médaille unique 1870. — Deuxième médaille 1873. — Hors concours, Médaille unique, Exposition universelle de Vienne.(Autriche), 1873. — Médaillé aux Expositions universelles d'Amsterdam 1885, de Melbourne et de Barcelone 1889. — Chevalier de la Légion d'honneur 1885, etc., etc.

« Monsieur,

» Bien que « vous accordiez l'hospitalité de vos colonnes aux protestations des artistes », un très petit nombre seulement protestera, et pourtant la majorité est mécontente, très mécontente.

» On accepterait bien sa récompense si on la partageait avec ses *pairs*, mais la faveur — qui sait ? la malice, peut-être — a glissé dans tous les rangs, jusque dans les premiers, et dans toutes les sections, en sculpture comme en peinture, *beaucoup de noms sans titre, sans droit à tant d'honneur.*

» Les nommer, je m'en garderais bien ; d'ailleurs, ils sont dans toutes les bouches.

» Que le jury supérieur les déplace ou les efface, suivant leur mérite, et les mécontents se tairont.

» UN ARTISTE. »

Ce n'est pas l'unique fois que des artistes protestent contre des récompenses qui leur sont décernées. Il existe une lettre célèbre du peintre Courbet, adressée à M. Maurice Richard, alors ministre des Beaux-Arts. La voici :

« Monsieur le Ministre,

» C'est chez mon ami Jules Dupré, à l'Isle-Adam, que j'ai appris l'insertion, au *Journal officiel*, d'un décret qui me nomme chevalier de la Légion d'honneur.

» Ce décret, que mes opinions bien connues sur les récompenses artistiques et sur les titres nobiliaires auraient dû m'épargner, a été rendu sans mon consentement, et c'est vous, monsieur le ministre, qui avez cru devoir en prendre l'initiative.

» Ne craignez pas que je méconnaisse les sentiments qui vous ont guidé.

» Arrivant au ministère des Beaux-Arts après une administration funeste, qui semblait s'être donné à tâche de tuer l'art dans notre pays, et qui y serait parvenue par corruption ou par violence, s'il ne s'était trouvé çà et là quelques hommes de cœur pour lui faire échec, vous avez tenu à signaler votre avénement par une mesure qui fît contraste avec la manière de votre prédécesseur.

» Ces procédés vous honorent, monsieur le ministre; mais permettez-moi de vous dire qu'ils ne sauraient rien changer, ni à mon attitude, ni à mes déterminations.

» Mes opinions de citoyen s'opposent à ce que j'accepte une distinction qui relève essentiellement de l'ordre monarchique. Cette décoration de la Légion d'honneur, que vous avez stipulée en mon absence et pour moi, mes principes la repoussent.

» En aucun temps, en aucun cas, pour aucune raison, je ne l'eusse acceptée. Bien moins le ferai-je aujourd'hui, que les trahisons se multiplient de toutes parts, et que la conscience humaine s'attriste de tant de palinodies intéressées. L'honneur n'est ni dans un titre, ni dans un ruban, il est dans les actes et dans le mobile des actes. Le respect de soi-même et de ses idées en constitue la majeure part. Je m'honore en restant fidèle aux principes de toute ma vie : si je désertais, je quitterais l'honneur pour en prendre le signe.

» Mon sentiment d'artiste ne s'oppose pas moins à ce que j'accepte une récompense de la main de l'État. L'État est incompétent en matière d'art. Quand il entreprend de récompenser, il usurpe sur le goût public. Son intervention est toute démoralisante, funeste à l'artiste, qu'elle abuse sur sa propre valeur, funeste à l'art, qu'elle enferme dans des convenances officielles et qu'elle condamne à la plus stérile médiocrité. La sagesse, pour lui, serait de s'abstenir. Le jour où il nous aura laissés libres, il aura rempli vis-à-vis de nous tous ses devoirs.

» Souffrez donc, monsieur le ministre, que je décline l'honneur que vous avez cru me faire. J'ai cinquante ans et j'ai toujours vécu libre. Laissez-moi terminer mon existence, libre; quand je serai mort, il faudra qu'on dise de moi : Celui-là n'a jamais appartenu à aucune école, à aucune église, à aucune institution, à aucune académie, surtout à aucun régime, si ce n'est le régime de la liberté.

» Veuillez agréer, monsieur le ministre, avec l'expression des sentiments que je viens de vous faire connaître, ma considération la plus distinguée.

» GUSTAVE COURBET. »

Paris, le 23 juin 1870.

Cette lettre, aussitôt qu'elle fut publiée, fut diversement commentée par la presse; les uns lui donnaient tort, les autres l'approuvaient. Elle avait été écrite sous l'inspiration de Castagnary, car il ne serait jamais venu à l'idée de Courbet, lui qui était vaniteux à l'excès, de refuser une distinction qu'il avait toujours ambitionnée, à tel point qu'il portait le ruban dans sa chambre!

Courbet était au moins aussi vaniteux que Manet, et ce n'est pas peu dire, car Manet, loin de refuser la croix, la sollicita. Il l'obtint; aussitôt il arbora à sa boutonnière un ruban aussi large que celui que portait

Champfleury, un véritable nœud de cravate. Un de ses amis le rencontra le matin même :

— Comment, comment, lui dit-il, toi, le peintre d'*Olympia*, tu oses porter la croix ! Tu n'as donc pas le sentiment de ce que tu étais pour nous ? Tu étais grand à l'égal des grands ! Maintenant, tu es comme tout le monde !

VIII

La légende des rapins. — Une marine de Gudin pour dix francs.
— Le nouveau. — A la broche. — Une voiture de médailles.
— Oh! la, la, c'te gueule. — Une bonne charge d'atelier. —Mauvaise tête, mais bon cœur. — Aigre comme un citron. — Le
peintre Lehmann. — Un pieux souvenir.

L'on s'imagine que les élèves d'un atelier
de peinture ou de sculpture sont, comme
le veut la légende enracinée, des jeunes
gens qui portent des cheveux comme
le Juif-Errant, des vareuses graisseuses
et maculées de couleurs; qu'ils sont coiffés de bérets
rouges ou bleus, larges comme des parapluies, fumant
dans des pipes atrocement culottées, tirant la queue
des chiens dans la rue, pendant le soir, les chats du
quartier aux cordons de sonnettes, vivant dans des
taudis, se nourrissant de pommes de terre frites, d'un
ordinaire de six sous dans une sale gargotte, d'arlequins chez la mère François, ou même de l'air du
temps.

7.

Voilà la légende créée par Cabrion, l'original rapin des *Mystères de Paris*, la terreur du père Pipelet.

Elle est perpétuée par quelques-uns de ces rapins obstinés dont la rue a été l'atelier, qui ont eu pour professeur la misère et n'ont pour auréole qu'une paresse invétérée et une saleté proverbiale.

Ces Raphaëls des Carrières d'Amérique traînent leurs guenilles dans les caboulots de Montmartre, offrent au bourgeois épaté une *marine* pour dix francs, un paysage pour cent sous, une copie d'Henner, de Berne-Bellecour ou de l'*Angelus*, de Millet, pour trois francs et... une absinthe pure.

Les bourgeois, en les voyant passer, disent : « Les voilà, les peintres ! »

Ils ne songent pas que tout métier a ses bohêmes, ses déclassés, vivant dans les nuages, sans jamais regarder le calendrier qui, chaque année, marque le progrès et une évolution dans les arts.

Ces ratés n'ont rien de commun avec les peintres, ni avec les élèves qui aspirent à le devenir, pas plus que l'astronome du Pont-Neuf, qui montre la planète de Vénus pour deux sous, ne peut être comparé à l'illustre Leverrier.

Le rapin, puisque c'est le mot consacré, s'habille comme tout le monde ; il est un être sociable, rangé, réglé, qui vit comme le dernier des bourgeois ; s'il est blageur, *rigolo*, goguenard, gouailleur, sa jeunesse est son excuse ; s'il jette sa gourme un peu bruyamment, tant mieux : jeunesse trop sage prépare folle vieillesse.

En un mot, le rapin s'est policé.

Autrefois, dans les ateliers, il était d'usage de martyriser le *nouveau*. C'était le souffre-douleurs, jusqu'au jour où un autre *nouveau* venait prendre sa place. On y inventait des charges inénarrables.

L'entrant devait respect et obéissance aux anciens, sous peine d'être mis en *broche*. On asseyait le patient par terre ; on lui passait un manche à balai entre les jambes et on le hissait sur un tabouret très élevé. Alors, on lui déboutonnait sa culotte, puis on lui passait entre les cuisses une barre de fer peinte avec du *vert mignon* (lire vermillon) ; un camarade imitait de la voix le bruit de la chair grésillante, le pauvre diable éprouvait la sensation d'une vive brûlure, il poussait des cris terribles, tous les élèves riaient à se tordre, à se mordre l'œil.

Cette épreuve n'était que préliminaire.

Le patient devait faire un discours sur la perte de... ses illusions et chanter une chanson, la plus dégoûtante possible, sur l'air : *Esprit saint, descendez en nous* ; on lui faisait solennellement jurer, sur le *Bottin*, haine aux membres de l'Institut ; on l'envoyait, avec une charrette à bras, chercher ceux de la Vénus de Milo, ou les jambes du Torse antique ; puis auprès du Directeur de l'École des Beaux-Arts, pour lui demander *les médailles*. Le Directeur, habitué à cette plaisanterie, lui répondait le plus sérieusement du monde :

« Mon ami, votre voiture est trop petite. Allez chercher une voiture de déménagement, avec beaucoup de paniers ! »

Il allait chercher la voiture demandée, et, le soir,

lassé d'attendre, il revenait penaud à l'atelier, désolé de n'avoir pu remplir sa mission ; pour le consoler, on l'envoyait chercher deux sous de colle de pâte dans une maison de tolérance ou deux sous de lait chez la blanchisseuse.

Bien mal avisé eût été le bourgeois de pénétrer dans un atelier à l'heure du travail. Il eût été hué, accueilli par des quolibets salés, par des cris d'animaux féroces, à faire croire aux rugissements d'une ménagerie de fauves, un jour d'orage.

— « Qu'est-ce qu'il vient foutre ici, ce pierrot-là ? on t'a donc permis de sortir de la Morgue, moule à gauffre ? Oh ! la ! la ! c'te gueule, c'te binette, quel mufle ! etc.»

Le pauvre visiteur s'enfuyait ahuri.

Cela date de vingt ans ; aujourd'hui, il n'en est plus de même, si l'on fait encore des charges, elles sont le plus souvent spirituelles, amusantes, et le visiteur est le premier à en rire.

Il me souvient d'une charge d'atelier qui est un véritable tour de force de marqueterie phraséologique; les noms en italique sont ceux des peintres du catalogue de 1868 :

« Je *Doneaud* peintre *Français*, si sujet à *Herrer*, un *Conseil* de *Frère* : s'il veut se corriger de ses *Defaux*, qu'il s'occupe moins de *Donzel* et *Damourelle*, et qu'il s'éloigne de *Bonnegrâce Duchemin* des plaisirs. Rien n'est *Cibot*, rien n'est *Haussi Doux* qu'un *Achard*-né *Labor Durand Lejeune* âge. C'est *Lapierre Delouche Devaux* succès. *Soyer Bouché, Boulanger, Carrier, Charpentier, Bouvier, Cordier, Mercier, Sellier,*

Teinturier, *Meunier*, *Porcher* ou *Masson;* cirez des *Parquet*, faites des *Soulié* ou cassez des *Caillou*, si vous n'êtes *Bonnat* rien qu'à aller à *Bullier*, à vous *Allongé Aufray* dans la *Fougère*, et si vous ne *Trouvé* votre *Compte-Calix*-toire des *Ribot* et des *Villain Merle*. *May* si le travail vous *Orry Pille*, vous *Alheim Anker* votre carrière ; vous ne serez pas *Blanc*, car vos amis seront les premiers à vous *Laché*, à vous *Fischer* à *Laporte*, à vous crier *Haro* et à vous envoyer *Audiat Blin!*

» Vous *Navier* qu'à vous corriger de vos *Defaux*, suivant mes *Conseils*.

» *Legrand* artiste *Frémy* de *Bonheur* au travail; *Ouvrié Héreau*-ique, rien ne *Labat*; d'ailleurs, qu'il fasse des *Bataille*, *Desgranges*, *Deshayes*, *Desjardins*, des *Rochenoire* ou *Desroches Rosé*, de *Clère Fontaine*, des *Forest*, des *Bords* fleuris, des nymphes au *Bin* ou des sujets de *Chrétien*, le public est toujours *Clément* pour lui, et il *Sain Tyr* toujours à sa gloire. Il a *Beaujeu* pour ar-*Rivey* au suc-*Seitz*.

» Lui qui ne savait pas comment il *Perret* son *Petit Loyer*, et qui se *Courbet* devant son propriétaire, qui le *Salles Huc*-ait *Delamain*; lui qui déjeunait de *Rave* et dînait de *Racine*, et n'avait pas de *Monet* pour acheter *Lecadre* de son tableau, on le mit dans *Lasalle* d'honneur; il *Riçois Lacroix*; on lui offre *Delort*; *Leduc*, le *Marquis*, *Lecomte* et *Lemarchand* se disputent ses œuvres; chacun se fait son *Champion* et *Lépaulle*; il est de tous les *Rahoult*, tout *Paris* lui met *Descartes*; il est *Leroy* du jour. Ah ! le malheur *Hellouin*.

» Chaque journal fait *Mention* de lui ; il gagne tant *Dargent* qu'avec son *Magaud*, il achète une *Maison* à *Laville* de *Richter* et un *Chataud* tapissé *Delierre*, au toit *Dardoize* et *Abel Escalier Doré*. Lui qui se *Privat* souvent, il a maintenant de *Bonvin* dans son *Cellier*, une table des plus *Fines* ; il mange *Duvaux* rôti, des *Caille* et du raisin de *Chasselat*. Comme il *Jouy* de sa victoire ! C'est le *Richard* et *Lemaire* de l'endroit.

» *Valadon* sa fortune faite, et en-*Corpet*-être *Letrône* le fera-t-il *Comte* ou *Baron*. *May Cesson* ; tout cela n'est pas *Faure* ; *Haussy* je prie mes amis de *Noter* qu'ils ne me *Véron* plus reprendre un semblable *Specht* sous *Monet*-gide. »

Le rapin a aussi bon cœur qu'il a mauvaise tête ; mais il est aussi prompt à devenir sérieux sur une observation juste et amicale, qu'à s'emballer sur une proposition saugrenue d'un camarade, comme celle, par exemple, de descendre, par un froid de dix degrés au-dessous de zéro, le modèle nu dans la cour, sous la fontaine.

A preuve l'anecdote suivante que Paul Merwart m'a racontée : A l'Ecole des Beaux-Arts, le peintre H. Lehmann, qui y était professeur, était d'une sévérité sans égale, un véritable pince-sans-rire ; il n'entendait aucune plaisanterie et réprimait sans pitié la plus légère incartade ; les élèves, pour se venger, avaient peint la tête du professeur sous la forme d'un citron gigantesque orné d'énormes oreilles, reposant sur un plat. L'allusion était transparente : Aigre comme un citron, dit le proverbe.

Le professeur ne disait rien.

La charge était accrochée dans un coin de l'atelier, elle y resta, quoiqu'il la vît d'un mauvais œil.

Le peintre Lehmann mourut en 1881.

Un mois après sa mort, il prit fantaisie aux élèves de l'atelier Gérome de simuler l'enterrement du regretté professeur : ils recouvrirent, d'un drap, une table dont quatre élèves prirent chacun un pied ; en guise de couronne, ils placèrent sur le drap un énorme citron garni d'immenses oreilles en carton — la reproduction exacte du tableau — puis ils descendirent dans la seconde cour de l'École.

Tous marchaient derrière les porteurs en chantant le *De profundis*, la *Mère Angot*, le *Pied qui remue*. C'était une cacophonie effroyable et lugubre à la fois ; le *massier*, M. Bettanier, entendant ce vacarme, descendit en toute hâte dans la cour et tint ce langage aux élèves :

— Vous pourriez choisir un autre sujet de plaisanterie, Lehmann est mort depuis un mois à peine ; il a été dur pour nos camarades, mais sa famille est encore en larmes, vos cris de joie peuvent être entendus par elle ; vous devez le respect à un des nôtres.

Immédiatement les élèves rentrèrent et firent une souscription pour acheter une couronne. Ils déléguèrent plusieurs d'entre eux pour la porter sur la tombe du maître, rachetant par ce pieux souvenir leur oubli d'un moment !

IX

L existe à Paris une trentaine d'ateliers ou Académies, comme on voudra les appeler, mais tous végètent et meurent successivement, malgré les efforts persévérants de leurs propriétaires pour les achalander et leur habileté à battre la grosse caisse.

Une seule Académie a la faveur des élèves, c'est l'*Académie Julian*.

On a attribué à son directeur d'être l'instigateur du vote de la salle Saint-Jean, qui amena la scission entre les peintres ; c'est donc qu'on lui reconnaît une grande importance, une force sérieuse et que cet atelier, est une puissance. Son étude complétera admirablement *Paris-Médaillé* et servira à rétablir les faits dénaturés volontairement par certains journaux qui s'occupent peu de la recherche de la vérité.

J'ai beaucoup connu Julian à ses débuts; c'était, et c'est encore un charmant garçon, élève de l'Ecole des Beaux-Arts; comme nous, il se débattait dans la lutte furieuse pour la vie; alors, comme aujourd'hui, la vie était difficile pour ceux qui cherchaient leur voie, au milieu de ce grand Paris qui dévore ceux qui n'ont pas la foi, la persévérance, et surtout, qui ne sont pas soutenus par une coterie.

Julian faisait de la peinture, et quoiqu'il eût eu plus d'un succès au salon, les amateurs rétifs étaient indifférents, les commandes étaient rares, et suivant leur coutume, les marchands de tableaux étaient plus qu'Arabes.

Néanmoins il fallait vivre. Julian se souvint des difficultés pour les jeunes à entrer à l'Ecole des Beaux-Arts et du dur règlement qui impose des limites d'âge.

Un élève se présente au directeur de l'Ecole, il est introduit aussitôt.

— Monsieur, je désire faire de la peinture.

— Savez-vous quelque chose?

— Absolument rien.

— Il vous est impossible d'entrer à l'Ecole, parce que il faut avoir fait des études préalables; allez chez un professeur, étudiez l'anatomie, la figure, la perspective, puis vous reviendrez.

L'élève s'en va, se met en quête d'un atelier, il étudie consciencieusement; deux années se passent; il retourne trouver le directeur.

— Monsieur, j'ai fait des études, je suis en règle pour entrer à l'Ecole.

— Bien, on va vous inscrire. Ah! à propos, quel âge avez-vous?

— Trente ans.

— C'est impossible, vous avez passé l'âge prévu par les règlements.

— Il y a deux ans, vous ne pouviez m'admettre parce que je ne savais rien, aujourd'hui je suis trop vieux; c'est bien, je vais aller ailleurs.

Julian créa une *Académie libre*, où les élèves sont admis à tout âge.

Nous étions en 1868.

Il loua au passage des Panoramas l'ancienne salle de l'illustre professeur Markowski, qui y avait fait danser deux générations. Il fit mettre chez quelques marchands de couleurs une pancarte annonçant l'ouverture de l'atelier et l'étude d'après le *modèle vivant?*

Mais dame routine veillait, les élèves ne venaient pas; Julian, qui avait la foi robuste, attendait patiemment, se souvenant qu'une goutte d'eau, par l'action du temps, perce le granit le plus dur; anxieux, il tressaillait au moindre bruit qui se faisait entendre dans l'escalier.

Si c'était un élève!

Enfin, il en vint un, il se hasarda sur le seuil de l'atelier; sur la table, le pauvre modèle bâillait à se fendre la mâchoire, tout en tricotant lentement un bas de laine.

Les chevalets étaient en place, alignés comme des pioupious un jour de revue.

Les tabourets étaient vides !

C'était une solitude semblable à celle de l'Odéon, les soirs où l'on y joue la tragédie.

Julian vit l'élève hésiter à pénétrer plus avant, faisant même le mouvement de regagner la porte, effrayé qu'il était de ce lugubre silence, lui qui, toujours sur la foi de la légende, s'était imaginé tomber en pleine fournaise de jeunesse bruyante.

Julian le rappela doucement et lui dit d'une voix haletante d'émotion :

— Vous partez, monsieur, est-ce que quelque chose vous déplaît ici ? Dites-moi ce qu'il faut changer, ce sera fait immédiatement.

— C'est très bien, mais...

— Le modèle, n'est-il pas à votre goût, on le changera.

— Oh! il est même joli, mais...

— Ah! je devine, parce que vous ne voyez personne, mais pour commencer vous n'avez pas besoin de voisins, d'ailleurs, je ne suis pas engagé à vous en donner.

— Assurément non!

— Eh! bien, restez.

L'élève, touché par le ton de bonhomie de Julian, comprit qu'avant qu'une maison soit édifiée, il faut poser la première pierre. Il resta. Au moins, dit-il à Julian, si je deviens un mauvais peintre, j'aurai toujours la gloire d'avoir été, après vous, un fondateur de l'Académie.

Le lendemain, il y avait trois élèves, puis quatre, puis cinq, et enfin, un jour l'atelier devint trop petit pour contenir la foule qui l'envahissait.

Julian loua successivement d'autres ateliers dans différents quartiers de Paris, notamment faubourg Saint-Denis, tout en conservant celui du passage des Panoramas, qui lui avait porté bonheur.

Aujourd'hui les ateliers sont au nombre de dix-sept.

L'atelier du passage des Panoramas est exclusivement réservé aux femmes; on peut dire que le Tout-Paris y a passé : princesse, fille de maréchal de France, tout ce qui porte un nom dans la noblesse, la diplomatie, les lettres et les arts, etc. On peut citer entr'autres : mademoiselle Marie Bashkirtseff, la jeune artiste, morte si prématurément et que sa mère pleure toujours, mademoiselle Brunswick, aujourd'hui madame Brandés, la princesse Terka-Jabonowska, depuis madame Maurice Bernhardt, mademoiselle Sarah Bernhardt, nièce de la grande artiste, mesdemoiselles Breslau, Godin, Billinska, mademoiselle Beaury-Sorel, l'auteur d'un magnifique portrait de madame Carnot : M. Carnot, avec la simplicité qui caractérise les présidents américains, alla juger de la ressemblance dans l'atelier même de Julian.

Dès ses débuts, Rodolphe Julian professait seul, mais, plus tard, surmené, il ne pouvait suffire ; il réunit alors ses élèves et leur proposa de s'adjoindre des professeurs.

Les premiers professeurs furent : MM. Boulanger, Jules Lefebvre, Carrier-Belleuse, Bouguereau, Tony-Robert Fleury et Cot.

M. Carrier-Belleuse corrigeait le soir ; les autres professeurs, pour la peinture et le dessin, corrigeaient le jour.

D'autres professeurs vinrent se joindre aux premiers : M. Chapu pour la sculpture, MM. Benjamin Constant, Flameng, G. Ferrier et Doucet.

Que les bourgeois qui crient à la vénalité des artistes et voient dans la scission des peintres une question de mercantilisme, méditent ceci : ces grands artistes s'engagèrent, par amour pour leur art et pour les jeunes, à venir, deux fois par semaine corriger les travaux des élèves, et cela *gratuitement*.

Julian, fier de son œuvre, qui voyait son succès grandir chaque jour, songea alors à décerner des récompenses.

Parmi les élèves sortis des ateliers Julian, on cite : MM. Doucet, Bramtot, Baschet, et plusieurs autres qui obtinrent le prix de Rome. D'autres obtinrent également des seconds prix. Parmi les hors concours actuels, on peut citer notamment : Renouf, Boutet de Monvel, Bergeret, Tattegrain, Lepoitevin, Flameng, Rochegrosse, etc. Quant aux médaillés, le public connaisseur les apprécie. On peut citer parmi eux : Dinet, Harrison, Melchers, Jeanniot, Fournier, Couturier, Tanzi, Bouchor, Maurin, Willette, Heidbrinck, Marius Roy, et une foule d'autres qui sont célèbres ou le deviendront.

C'est, on le voit, une jolie pléiade !

Dans les ateliers Julian, il y a deux concours : pour le premier concours, le professeur choisit, dans la semaine de pose du modèle, les meilleurs dessins ou esquisses ; les professeurs réunis assignent un prix et des mentions aux élèves qui se sont distingués.

Après deux prix successifs dans la même année, les élèves n'ont plus droit qu'au *classement ;* cette mesure excellente a pour but d'empêcher les plus capables d'accaparer les récompenses.

Le second concours consiste en une composition esquissée, d'après un sujet donné par le professeur.

Le classement de ces esquisses par numéro de mérite donne droit au choix des places pour la semaine du concours définitif qui consiste en une figure, un torse ou un portrait peint ou dessiné. Ces places sont très recherchées, car elles augmentent pour l'élève les chances d'acquérir le prix et le stimule à faire une bonne composition.

Une médaille, un prix valant la somme de cent francs sont décernés au vainqueur.

Je vois d'ici les sceptiques sourire : un élève médaillé en chambre, c'est une prime à la vanité pour achalander l'atelier ; eh bien ! souriez, blaguez ; cette institution, qui a l'air toute simple, produit des résultats surprenants.

Tous les élèves rivalisent d'émulation, les concours les condamnent à chercher sans cesse, à étudier et observer, à progresser, parce que cette médaille décernée impartialement par des professeurs éminents, tels que

Bouguereau, Tony-Robert Fleury, Jules Lefebvre, Benjamin Constant, Chapu, Doucet, Flameng et G. Ferrier, les distingue de leurs camarades et les encourage pour l'avenir. Combien de talents naissants, s'ils avaient été encouragés ainsi dès leurs débuts, seraient aujourd'hui célèbres?

A l'atelier Julian, après chaque concours, il est d'usage de mettre les esquisses des récompensés aux enchères. Une des meilleures preuves qu'une récompense n'est pas considérée comme une chose vaine, c'est que les esquisses bien classées, qui, la veille ne se seraient pas vendues quatre sous, atteignent souvent un prix élevé, quelquefois dix et quinze louis. Les vaincus n'ont pas de rancune contre le vainqueur, car s'il est récompensé, c'est qu'il a du talent; les professeurs l'ont dit par leur verdict.

Que l'on ne s'étonne pas d'entendre parler de louis dans un atelier, comme si l'on était à la Banque de France: chez Julian, on parle de louis comme autrefois chez Picot l'on parlait de sous; les élèves venus de tous les points du globe, Russes, Anglais, Américains, Suédois, Japonais, Espagnols, Siamois, sont riches. L'atelier est cosmopolite. Si tous ne se comprennent pas au point de vue du langage, tous se comprennent sur le terrain de la camaraderie lorsqu'il y a une infortune à soulager.

La règle est sévère dans les ateliers, sans cependant être très rigoureuse; cela est nécessaire pour maintenir l'ordre parmi plus de sept cents élèves.

Le *massie* est chargé de ce soin; il n'a pas

g grand chose à faire, les camarades lui facilitent la sur-
v veillance.

Les ateliers sont ouverts tous les jours, excepté le
b dimanche, dès huit heures du matin jusqu'au soir; les
ı modèles s'y succèdent sans interruption; les modèles,
ı hommes ou femmes, sont choisis par les élèves, au
e suffrage universel; de cette façon ils ne peuvent se
ı plaindre si le modèle ne répond pas à ce qu'ils en espé-
ı raient; autrefois, ils étaient choisis par l'administra-
ı tion; on leur eût donné l'Apollon du Belvédère, Vénus
ı ou Junon en personne qu'ils auraient grogné.

L'atelier Julian excepté, tous les ateliers ferment à
ı midi. C'est un usage encore établi à l'Ecole des Beaux-
ı Arts; la raison en est qu'aucun atelier ne pourrait vivre
e s'il restait ouvert toute la journée, à cause du petit
ı nombre d'élèves qu'ils possèdent et des frais doubles
ı qu'occasionneraient le modèle s'il restait toute la
ı journée. Julian a compris ce grand inconvénient, lui
ı qui avait passé par l'atelier, inconvénient que tous les
ı peintres d'ailleurs connaissent sous ce nom : la tyran-
ı nie du Morceau!

Un peintre est à son chevalet; toute la matinée, il a
ı esquissé le portrait qu'il veut peindre, il cherche une
ı ombre, pour mettre sa figure en valeur, un jet de
ı lumière pour l'éclairer, un ton pour lui donner la vie,
ı l'animer; il est absorbé dans sa contemplation, il a
ı quelque chose à surprendre sur le vif de la nature, il
ı brosse fébrilement; tout à coup, l'inspiration lui vient,
ı il tient sa tête encore dix minutes et son œuvre sera
ı complète... Midi sonne, le modèle s'en va!

8

S'il faut qu'il attende le lendemain pour continuer
son travail, la toile sera sèche, le jour ne sera plus le
même, tout est à recommencer; c'est la Tyrannie du
Morceau, auquel il pense sans cesse ; son idée l'obsède;
si, au contraire, il peut reprendre son travail une heure
ou deux après-midi, pendant ce laps de temps l'inspiration n'aura pas pu fuir, il se remet à son chevalet
et termine.

C'est pourquoi chez Julian l'étude est ininterrom-
pue.

A l'atelier Julian, pendant le travail, le silence le plus
religieux est observé par les élèves. Plus de jeunesse,
rien que des gens qui veulent arriver et connaissent la
valeur du temps; dans la première séance, comme dans
la seconde, il y a un quart d'heure de repos; alors,
comme par un coup de baguette magique, la scène
change; le modèle descend de son estrade, les chevalets
son abandonnés, le silence d'il y a un instant fait place
à l'expansion, aux rires, aux chants, c'est un brouhaha,
un grondement, une rumeur générale.

Les mercredis et samedis sont les jours de visite des
professeurs.

Les ateliers présentent, ces jours-là, un spectacle
curieux pour l'observateur.

Pendant la visite, une pancarte est accrochée à la
porte de chaque atelier ; elle est laconique : *le professeur est là!*

.Le professeur parcourt les rangs, examine les études
et les esquisses.

Chaque professeur a sa manière; on peut, là, la

prendre sur le vif. Il va sans dire que pendant l'examen on entendrait voler un mouchoir.

Chapu, dans son atelier de sculpture, est absolument bonhomme. Supposons vingt maquettes, sur un sujet qu'il donne lui-même chaque semaine ; le dernier était : La décoration du tombeau d'une jeune artiste ; un médaillon en fournirait le motif principal.

Ce médaillon pourrait être supporté par une figure ou symbole de l'art qu'elle cultivait.

Esquisse ronde bosse.

Chapu arrive à heure fixe, les maquettes sont rangées sur une tablette, pêle-mêle, sans qu'il sache quel élève est l'auteur de chacune d'elle ; il s'agit de faire le classement pour la semaine prochaine.

Il les examine attentivement :

— Voyons, dit-il, qui va avoir le numéro 1 ?

Cette figure est bien, elle est néanmoins un peu lâchée ; le médaillon est un peu grand, il est surchargé d'ornements.

Celle-ci a du sentiment, c'est un morceau personnel, il a de l'originalité.

Ah ! en voici une qui a du mouvement, de la vie, la draperie est bien modelée, c'est étudié.

Il manquerait peu de chose à cette autre pour être parfaite.

Nous allons donner le numéro 1 à cette dernière.

Le professeur continue ainsi jusqu'à ce que les vingt maquettes soient classées.

Les élèves sont là, anxieux, groupés autour du maître, les uns montés sur des tabourets pour mieux voir, pour mieux entendre ses conseils, ne montrant aucun dépit; ils acceptent le jugement du maître sans murmurer, sans récriminer, tant leur respect est grand pour l'homme, pour l'artiste désintéressé, et aussi par l'esprit de discipline, œuvre de Julian, qui règne dans les ateliers.

Dans l'atelier de sculpture, il y a en ce moment deux jeunes Siamois envoyés par leur gouvernement pour étudier l'art français.

Ce fait, simple en lui-même, est un triomphe pour Julian, au point de vue patriotique aussi bien qu'au point de vue artistique. Avant le succès de ses ateliers, la plupart des Etats étrangers envoyaient leurs boursiers à l'Ecole de Munich; aujourd'hui, ils les envoient faire leurs études à l'Académie de Julian, reconnaissant ainsi la supériorité de l'Ecole française et de ses maîtres éminents.

On remarque également, parmi les élèves de Chapu, madame Fosse, MM. Gontaut-Biron, Jacques Froment-Meurice, Germain, connu sous le pseudonyme de Niamberg dans la plupart des journaux illustrés, Raymond, à qui, après concours, la ville de Genève a commandée la statue de Calvin, qui sera érigée sur une de ses places publiques.

Dans les ateliers de peinture, il en est de même que dans les ateliers de sculpture.

Tony-Robert Fleury est bienveillant à l'extrême, pourtant sans faiblesse. Vous ne sauriez croire, me disait-il, un jour que j'assistais à sa leçon, combien est difficile le métier de professeur. Il faut être impartial pour tous ; quand je m'arrête devant une esquisse naïve, enfantine, mais qui révèle en certaines parties un sentiment artistique, une promesse pour l'avenir, vous ne sauriez croire combien j'hésite.

Si je décourage l'élève, c'est peut-être un artiste perdu pour l'art ; si, au contraire, je l'encourage sur une vague promesse, qui n'est peut-être que l'effet d'un hasard, je puis l'égarer.

Alors, je corrige son esquisse et j'attends.

Le samedi suivant, c'est avec anxiété que je m'approche de son chevalet. Je pousse un soupir de soulagement, la vague promesse prend un corps, l'espérance commence à être une réalité ; alors, ce n'est plus un élève, c'est un enfant qu'il faut guider par des conseils et ménager par la critique.

Ces quelques lignes peignent admirablement le charmant artiste qui partage son temps entre son atelier, ses élèves de l'atelier Julian et la *Société des Artistes français*.

Jules Lefebvre est un travailleur acharné, un professeur sévère. Au contraire de Tony-Robert Fleury, sans cesse souriant, son aspect est froid, mais ce n'est que superficiel. Il s'assied lentement sur son tabouret ; lentement, mathématiquement, il compare sous tous ses aspects le dessin qu'il a à corriger avec le modèle ; il inspire aux élèves une telle déférence, que tous marchent sur la pointe du pied pour s'approcher du maître. On sent que Jules Lefebvre remplit une fonction importante, et qu'il considère la responsabilité qu'a le professeur ; sa correction réfléchie est aussi bien

8.

dictée par sa conscience que par son goût élevé. Il est d'une franchise exemplaire ; avec lui, pas de tergiversation ; on sait d'un coup, dans l'esquisse qu'on lui soumet, ce qui est bien, ce qui est mal, ce qui n'empêche l'indulgence d'un grand talent pour les commençants.

Jules Lefebvre s'appuie, et c'est ce qui constitue sa force, sur le sentiment réel de la nature ; de là, par conséquent, le côté attachant de son enseignement, et une grande variété dans ses appréciations, chaque élève peignant suivant son tempérament. Un dessin parfait, pour lui, est moins intéressant que si son exécution est sincère et personnelle à l'auteur.

Voici une anecdote qui donnera une idée de la conscience de Jules Lefebvre :

Un jour, un ami alla lui rendre visite à son atelier. Il trouva le peintre en train de recouvrir de blanc une toile achevée qui représentait deux femmes nues; c'était admirable de style et de pureté.

— Mais, malheureux, lui dit son ami, que fais-tu là ?

— Ma toile ne me satisfait pas, les deux femmes sont trop éloignées l'une de l'autre, je veux les rapprocher.

— Mais, c'est un chef-d'œuvre, tu perds quarante mille francs.

— Je le sais bien.

— Coupe la toile en deux.

— Non, je préfère recommencer.

Et tout en résistant aux supplications de son ami, il continua à effacer sa toile,

Combien peu qui crient, si haut aujourd'hui, sont

> capables d'un pareil désintéressement par amour de
l l'art !

Bouguereau commence sa correction au hasard ; il
met familièrement la main sur l'épaule de l'élève. Si le
premier auquel il s'adresse n'a pas assez travaillé son
esquisse, il lui dit doucement :

— « Mon ami, votre esquisse ne mérite pas d'être
corrigée ; nous verrons cela samedi prochain. »

Si un autre élève a fait plus et mieux, alors il quitte
son air paternel et devient exigeant ; si tous les élèves
trouvent une esquisse supérieure à celles des autres, il
s'arrête devant elle plus particulièrement; il fait alors
sa correction à voix haute, une correction savante,
malgré qu'on lui reproche d'être un peintre *joli, léché*,
il tient pour les tendances artistiques modernes. Je
n'entends pas dire qu'il encourage l'*impressionisme*,
mais c'est un fait énorme qu'un membre de l'Institut
qui, lui, conserve précieusement son genre, encourage
les jeunes en les initiant au mouvement artistique;
c'est la meilleure des preuves qu'il professe pour les
autres et non pour lui.

— « Je passe, dit-il, plus rapidement d'un élève à un
autre suivant le degré de correction. » Il a une telle
sollicitude pour les faibles, qu'il ne veut pas que les
élèves qui débutent par copier des plâtres soient corri-
gés par d'autres que par lui, principalement dans son
atelier.

Avant que Bouguereau ne fût professeur à l'école
Julian, les élèves suivant la méthode encore prati-
quée à l'Ecole des Beaux-Arts, dessinaient en *tortil-*

tonnant ; l'académie la mieux dessinée, la plus parfaite de forme, avait l'air d'un dessin pour un concours de l'école mutuelle ; toutes se ressemblaient ; la musculature était floue, elle n'apparaissait pas énergique, vigoureuse, saillante comme le veut la nature.

Bouguereau se tint ce langage :

— Nous passons quinze années de notre vie à étudier, et quand nous sommes arrivés, que reste-t-il de nos travaux ?

Rien.

Nos esquisses ne peuvent nous servir, le *tortillon* n'est pas la nature, il nous faut recommencer sur le modèle vivant, pour chercher le mouvement ; si, au contraire, le dessin était fait aux traits, d'un seul coup de crayon, le trait-dessin pourrait rester et nous servir.

Aussitôt pensé, aussitôt en pratique. Ce fut une révolution ; mais aujourd'hui les résultats sont tels, que si l'on compare deux esquisses, l'une *tortillonnée*, l'autre *au trait*, on reste émerveillé ; cette dernière semble sortir de son cadre, on dirait que le sujet va parler, agir, marcher.

Benjamin Constant est impitoyable pour l'élève qui *lime* son dessin. Sa palette est large et colorée. Puissant observateur de l'effet d'une mise en place sévère, de l'effet général, sa préoccupation particulière, il empoigne sa palette, se place devant la toile de l'élève : Allons, mon ami, peignez dans la pâte, enlevez-moi ça, mettez de la couleur, allez de l'avant. Malgré sa fougue, il est, comme Cabanel, son maître, observateur sévère de la forme ; il représente l'élément jeune ; c'est un maître peintre dans toute l'acception du mot, un coloriste puissant et passionné. Sans nuire pour cela à la correction du dessin, il soigne les détails avec un soin extraordinaire, ses draperies sont traitées avec une exactitude sans pareille.

L. Doucet procède d'un pôle à un autre dans son enseignement; élève de J. Lefebvre, confinant à Besnard, il fait excuser les balbutiements de ce dernier en leur donnant une forme.

F. Flameng professe chez Julian et peint en Sorbonne. C'est un jeune dans la meilleure acception du mot et un fort.

Artiste consommé, ayant puisé les premiers éléments de son art dans l'atelier où il professe aujourd'hui, après avoir été chez Cabanel et chez Laurens, il était naturel qu'il revînt au berceau et devînt l'un des professeurs aimés de la jeunesse.

C'est un peintre savant et fécond indiqué pour l'avenir.

G. Ferrier, auteur de *Salammbô* et d'une *Sainte Cécile*, son envoi de Rome, est un artiste remarquable, hors concours; peintre très chaud, très ardent, communique sa flamme à ses élèves; s'ils n'ont pas de talent ce n'est pas sa faute, car il consacre ses efforts à leur inculquer ses qualités qui ont fait de lui un professeur par vocation.

A l'académie Julian, il y a deux professeurs par atelier; ils alternent chaque mois. MM. Bouguereau et Tony-Robert Fleury pour un, MM. Jules Lefebvre et Benjamin Constant pour un autre, et ainsi de suite; ce

roulement produit le plus grand bien pour l'enseignement. En effet, l'élève n'est pas forcément l'image du
maître, sa copie fidèle et servile, il reçoit les conseils
de deux professeurs ayant chacun un tempérament
particulier, qui se complètent sans se nuire ; l'élève peut
prendre à chacun d'eux ce qu'il a de bon, et ainsi se
créer un genre à lui, une originalité, une manière qui
assurera son succès dans l'avenir.

Exemple : Jules Lefebvre est un dessinateur parfait,
correct, calme, réfléchi. Benjamin Constant est un fou-
gueux, un coloriste somptueux dans l'ordonnance de
ses compositions ; on voit d'ici ce que les élèves peuvent recueillir par ces deux genres si opposés.

D'où vient le succès de l'Académie Julian, succès qui
porte ombrage à tant de gens et même à l'École des
Beaux-Arts ?

Il vient de plusieurs causes :

D'abord de la nécessité, car l'*Académie libre*, organisée et fondée par Julian, comble une lacune, l'enseignement y est des plus sérieux, les charges et la
flânerie n'y tiennent point la place du travail.

Ensuite, c'est que cet enseignement n'est point op-
presseur. Les professeurs s'y étudient à ne point faire
dévier le tempérament personnel de l'élève, ils l'ai-
dent dans la mesure de son propre penchant, ils le
guident dans le sentier qu'il se fraie lui-même, en se
préoccupant de lui éviter les faux pas, en l'armant,
avec le savoir, contre les tentatives de l'à peu-près.

Aux concours de l'École des Beaux-Arts, les plus
nombreuses et les plus hautes récompenses sont obte-

nues par les élèves de l'Académie Julian ; au dernier concours des places, sur 80 élèves reçus, 57 appartiennent à l'Académie.

L'Ecole des Beaux-Arts, moins nombreuse comme élèves et donnant de moindres résultats coûte à l'Etat 350,000 francs par an, indépendamment du Palais qu'elle a gratuitement.

L'enseignement y est complètement gratuit, et des prix innombrables, provenant de legs ou de dotation, sont affectés aux concours.

L'Académie Julian est surtout attaquée par ses adversaires qui, comme argument *ad hominem*, l'accusent de n'avoir fondé son école que dans un but électoral.

Cet argument est de bien mauvaise foi, car l'Académie Julian fut fondée en 1868, et le jury alors n'était pas nommé pour le suffrage universel; il ne l'est que depuis 1881, depuis que le Salon est aux mains des artistes.

Si, en France, Julian est accusé de fomenter la révolution parmi les artistes, il est autrement jugé par la presse étrangère. Après les journaux anglais et américains, voici ce que disait la *Nazione*, de Florence, dans son numéro de 19 avril 1889 :

. . . .

« Pour compléter son œuvre intelligente, M. Julian va instituer une exposition publique annuelle, où tous les élèves qui ont appartenu ou appartiennent encore à l'Académie pourront exposer leurs œuvres. Et comme, parmi eux, beaucoup ont une réputation au Salon, cette exposition sera très importante pour l'avenir de l'art.

» Il est clair qu'avec ce système, le jeune artiste

n'est plus abandonné dans les moments les plus difficiles, dans la période où il quitte l'école pour paraître en public, évolution qui s'opérera dans de meilleures conditions.

» Ces quelques lignes montrent à mes lecteurs combien l'enseignement est gradué. La route à parcourir est longue assurément. Il suffit d'avoir le courage de la suivre. Au bout, l'exposition est là pour récompenser les vaillants que n'écraseront plus, par leur voisinage, les œuvres des artistes célèbres.

» On me pardonnera cette longue énumération de détails. Elle était nécessaire pour faire connaître une méthode qui donne d'excellents résultats, éprouvée par de longues années de pratique.

» Ce qui manque en Italie, c'est l'émulation, le goût du travail. Ce qui manque aussi, ce sont des maîtres disposés à former des élèves comme en France, ce qui fait qu'à ses débuts, l'élève ne reçoit pas les conseils éclairés qui lui sont indispensables.

» Ciseri et Fattori sont les seuls qui aient essayé chez nous de faire quelque chose à cet égard ; mais ils n'ont pas reçu du gouvernement l'encouragement qu'ils méritaient, ce dernier ayant reconnu cette école comme semi-officielle.

» Et à présent, je me demande pourquoi, à Florence, la ville historique de l'art, on ne trouve pas un Julian qui fonderait une école libre, en dehors du gouvernement, qui puisse donner à nos jeunes artistes un enseignement plus sérieux et plus conforme aux idées modernes.

» Une Académie libre et libérale, qui n'aurait rien à faire avec l'institution décrépite qui existe, et qui, après beaucoup d'efforts annuels, ne produit qu'une demi-douzaine de têtes bien noircies, bien râtissées, vrais ouvrages de broderie, mais souvent sans caractère, sans ensemble et sans analyse de formes ; une Académie libre sous la direction d'artistes célèbres : voilà une voie ouverte aux Mécènes de l'art pour se créer un titre glorieux et impérissable à la reconnaissance publique

» Je termine, persuadé qu'on ne m'accusera pas de manquer de patriotisme pour avoir résolument mis le doigt sur la plaie.

» *Le patriotisme ne doit pas nous rendre aveugles sur nos défauts, sur le mérite des autres, et c'est parce que j'aime ma patrie, que je vois les Alpes servir de barrière au mal et non au bien qui peut venir de l'étranger.* »

Voilà des choses bien pensées et bien dites.

L'atelier Julian, comme tous les ateliers, d'ailleurs, où il y a une grande concentration, présente d'autres avantages pour les élèves que d'être instruits et initiés par des professeurs éclairés et illustres dans le monde entier ; les élèves se sentent les coudes, et c'est l'enfance d'une camaraderie et d'une solidarité qui se perpétue à travers les misères et les luttes de la vie ; les arrivés tendent la main à ceux que le sort n'a pas favorisés et qui sont restés en route.

L'appui des professeurs auprès des gouvernements, ministères, conseils généraux ou départementaux, ne fait jamais défaut aux élèves lorsque leur travail, leurs

succès ou leur situation peu aisée les en ont rendus
dignes ; il n'y a pas d'exemple qu'un élève méritant et
peu fortuné n'ait pas trouvé gratuitement ouvertes les
portes de l'Académie.

X

L est trop tard, la Société nouvelle est fondée. » Voilà la dernière réponse faite aux délégués de la *Société des Artistes français*, qui voulaient la concentration.

Cette réponse n'était pourtant pas définitive, car M. Meissonier attendait, pour fonder *sa* Société, le résultat du vote annuel des Artistes pour le renouvellement du Comité.

Si M. Bouguereau était élu, en avant la Société nouvelle.

Si M. Bouguereau n'était pas élu, on pourrait prêter l'oreille à la réconciliation, d'autant mieux que la *Société des Artistes français*, pour prouver son esprit de conciliation, avait cédé sur les exigences des dissidents, exigences que nous connaissons.

M. Meissonier fut déçu dans ses espérances et frappé à nouveau dans son immense orgueil, sur 64 votants ; M. Bouguereau fut élu vice-président de la *Société des Artistes français* par 52 voix, et, à la majorité, président de la section de peinture.

Aussitôt, M. Meissonier et les quinze membres honoraires se mirent à l'œuvre pour rédiger les statuts de la *Société nationale des Beaux-Arts*. (Voir à l'Appendice.)

Ces statuts et le règlement de la Société nouvelle furent approuvés en Assemblée générale ; quatre vingts membres environ y assistaient.

Une délégation composée de trente membres de la Société et de trois membres supplémentaires y appartenant également, fut chargée de préparer et d'arrêter le règlement des expositions futures ; cette délégation avait les pouvoirs les plus étendus pour gérer les affaires de la *Société nationale des Beaux-Arts*.

Furent élus :

MM. Devès, May, Waldeck-Rousseau, membres d'honneur.

MM. Bracquemond, Besnard, Billotte, Barau, Boilvin Cazin, Carolus Duran, Courtois, Carrière, Dalou, Da-

moye, Duez, Dagnan-Bouveret, Guignard, Gervex, Lerolle, Lhermitte, Meissonier, Montenard, Puvis de
Chavannes, Rodin, Roll, Rixens, Renouard, Ribot,
sociétaires.

MM. Desbois, Friant, Mathey, sociétaires supplémentaires.

La nouvelle Société est divisée en quatre catégories :

Membres d'honneur;
Membres fondateurs;
Sociétaires;
Associés.

Les membres d'honneur sont :
MM. Devès, Liouville, Eynard, May, Thierry-Delanoue, Waldeck-Rousseau.

Les membres fondateurs sont :
MM. Billotte, Besnard, Béraud, Bracquemond, Carolus Duran, Cazin, Duez, Dagnan-Bouveret, Dalou, Gervex, Meissonier, Montenard, Puvis de Chavannes,
Rixens, Rodin, Waltner.

Les sociétaires sont :
MM. Agache, Artz, Aublet.
Baffier, Barau, Beaudoin, Bellangé, Béraud, Bes-
nard, Billotte, Binet, Blanc, Blanche, Boilvin, Bol-
dini, Boudin, Boutet de Montvel, Bracquemond,
Breslau (Mlle L.), Brown, Burnand.
Carolus Duran, Carrière, Cazin, Claude, Collin,
Cordonnier, Courant, Courtois, Couturier.
Dagnan-Bouveret, Dalou, Damoye, Daumet, Dau-

phin, David, Delance, Delort, Desbois, Desboutins, Deschamps, Dinet, Dubufe, Dumoulin.

Edelfelt.

Florian, Frappa, Friant.

Galland, Gervex, Gilbert, Girard, Girardot, Gœneutte, Gros, Gueldry, Guérard, Guétrel, Guignard.

Hogborg, Harrison.

Israëls, Irville.

Jeanniot, Jettel, Jourdain.

Lambert, Lanson, Latouche, Le Camus, Lefèvre, Lemaire (Mme Madeléine), Lenoir, Lepère, Lerolle, Lhermitte, Lobre, Loustaunau.

Mans, Mertens, Mathey, Mesdag, Montenard, Montte, Meunier, Meissonier.

Pannemaker, Perraudeau, Petitjean, Pranishuikoff, Puvis de Chavannes.

Renan, Renouard, Rebarty, Rivoire, Ribot, Rivey, Rixens, Roll, Rosset-Granger, Rorhmann.

Sain, Saintain, Salmson, Sargent, Sauzay, Stredswig, Smith, Stevens.

Thaulow, Tissot, Toulmouche, Tournés.

Vigne (de).

Waltner.

Zakaran, Zorn.

Cela fait *cent vingt sociétaires*, desquels il faut défalquer les seize membres fondateurs, cela porte le chiffre réel à *cent quatre* membres.

Après la réclame formidable qui fut faite dans la presse, il faut avouer que sur plus de trois mille sociéciétaires qui composent la *Société des Artistes fran-*

çais, et sur les quatre mille peintres parisiens qui sont en dehors, cela constitue un pauvre petit succès, d'autant plus que parmi ce chiffre de *cent quatre sociétaires*, il faut mettre de côté MM. Besnard, Baffier, Cordonnier, Dalou, Devigne, Lefèvre, Lenoir, Meunier et Rodin, *sculpteurs*; MM. Bracquemond, David, Desboutins, Boilvin, Chauvel, Florian-Guérard, Pannemaker, Waltner, *graveurs*; ce qui réduit ce groupe au chiffre de *quatre-vingt-cinq* peintres !

Certainement, parmi ces messieurs, il y a des artistes de grande valeur : Ribot, Desboutins, le grand et admirable artiste, Puvis de Chavannes, etc.

Il y aura aussi M. Carolus Duran, et, s'il est élu membre du jury des vingt-six, il pourra, à son aise, éliminer les portraits, dont il s'imagine avoir le monopole.

Il a horreur des portraitistes. Un jour, au Salon, il voyait un portrait peint en rouge, par Loudet, il avisa un camarade qui passait, il le lui montra en lui disant :

— Encore un qui m'a chipé une harmonie.

M. Carolus Duran est, malgré cela, un artiste suivant les idées nouvelles; n'est-ce pas de lui cette réponse épique.

A je ne sais plus quel Salon, il avait exposé une femme nue, sous ce titre : *Le Printemps*. Un anatomiste aurait trouvé qu'une des jambes ressemblait à un bâton de chaise, ce qui était exact; le public passait sans rien dire, absolument indifférent; un confrère qui était devant le tableau aperçut M. Carolus Duran, il faut dire que c'était le jour du Vernissage, et que jamais ce jour-là il ne manque de stationner devant ses œuvres pour connaître le sentiment du public.

M. Carolus Duran alla vers son confrère et lui dit :

— Hein ! on dit que nous sommes *pompiers?*

— Réponse du confrère :

— Oh ! non, c'est du mauvais Pérignon, voilà tout !

M. Carolus Duran poursuivi par son idée fixe, lui, voit un de ses confrères, un autre, qui, lamentablement, contemplait sa toile accrochée au deuxième étage, au-dessus de celle de M. Carolus Duran, il l'aborde :

— Eh bien ! es-tu content ?

— Regarde, mon ami, où on a fourré mon tableau ; il faut un télescope pour le voir !...

— ... Ce n'est pas du tien que je parle, c'est du mien !

Le peintre court encore.

Ces artistes seront certainement une attraction pour le Salon nouveau, mais cela suffira-t-il pour attirer la foule et faire prospérer la Société.

M. Meissonier s'entend à la réclame ; il fit communiquer une note à la presse, dans laquelle il était dit : — La première liste de sociétaires comprendra *peut-être* quelques artistes dont le talent ne semblait pas destiné à cette consécration ; elle leur serait cependant accordée comme remerciement de leur attitude au début du conflit soulevé dans la *Société des Artistes français.*

Auxquels des cent vingt sociétaires ce *peut-être* s'applique-t-il ?

Ce *peut-être* était d'un machiavélisme achevé ; en faisant ces avantages aux sociétaires, M. Meissonier n'avait pour but que d'augmenter le plus possible le nombre des dissidents et, par conséquent, celui de ses adhérents.

Vous n'avez *peut-être* pas de talent, mais la nouvelle Société vous en donnera. M. Meissonier, le grand-prêtre, vous consacrera. On ne peut pas dire plus carrément aux visiteurs du prochain Salon du Champs-de-Mars ou d'ailleurs : vous ne trouverez pas chez nous de grandes choses, mais se sont des artistes qui... m'ont rendu service !

Ce fut devant la commission fondatrice, composée de sept membres, que furent portées au début de la Société les demandes d'admission. Ces demandes devant être rectifiées et acceptés par les sociétaires réunis en assemblée générale.

Le programme de la *Société nationale des Beaux-Arts* est discutable, et il mérite d'être discuté à tous les points de vue.

La Société prend pour devise *Arts et Liberté.*

Il faut avouer qu'elle entend singulièrement la mettre en pratique ; son premier soin est celui d'imposer aux artistes, ses adhérents ou ses sociétaires, de ne pas exposer aux Champs-Elysées, s'ils exposent au Champ-de-Mars !

Alors où est la liberté ?

Avant la scission, M. Antonin Proust voulait que l'on transporta le Salon annuel du Palais de l'Industrie au Palais du Champs-de-Mars.

9.

M. Meissonier s'éleva contre cette prétention ridicule, qui cachait sûrement une arrière-pensée, il protesta énergiquement en disant que si le Salon n'avait plus lieu aux Champs-Elysées : *c'était sa mort certaine.*

La scission se fit ; voyez la logique de M. Meissonier, il demande à installer son Salon au Champs-de-Mars !

Il se croit donc assez puissant pour déplacer la foule qui, depuis des années, a coutume d'aller au Palais de l'Industrie?

Il est vrai que M. Meissonier exposera au Champs-de-Mars. Cela sera-t-il suffisant, surtout si l'on songe au menaçant *peut-être ?*

Et puis, le Champs-de-Mars est chose bien problématique ; à quel titre le gouvernement consentirait-il à l'accorder à la société Meissonier ?

A qui incomberaient les dépenses nécessaires pour approprier le Palais des Beaux-Arts à une exposition artistique?

La *Société des Artistes français* est seule reconnue d'utilité publique ; le gouvernement ne peut pas reconnaître la société Meissonier comme telle, son devoir est de lui répondre :

— Arrangez-vous donc avec l'ancienne société. Il ne fallait pas vous séparer d'elle. Puisque vous prétendez poursuivre le même but, il n'y a pas besoin de deux sociétés pour le même objet.

Oui, pourrait-on répondre, le gouvernement ou la ville de Paris comme on voudra, accorde à des sociétés qui ne sont pas reconnues d'utilité publique des emplacements pour y exposer, le *Blanc et le Noir*, les *Indé-pendants*, etc., etc.

Pourquoi ne ferait-il pas pour la *Société natio-nale des Beaux-Arts* ce qu'il fait pour les autres so-ciétés ?

Ce n'est pas la même chose, ces sociétés ont un but différend de celui de la *Société des Artistes français*, elles ont leur caractère personnel, elles ont été créées pour une chose déterminée ; les œuvres qu'on y ex-pose révèlent des tendances particulières qui n'ont rien à voir avec celles exposées au Salon du Palais de l'In-dustrie. Si M. Meissonier n'avait voulu être président de quelque chose, au lieu de créer une société et de quêter un local, il n'avait qu'à aller aux *Indépendants*, il n'y a pas plus de mauvaise chose chez eux, que le *peut-être* de M. Meissonier ne nous en fait espérer et craindre pour l'exposition de la Société future.

On a pu voir à l'exposition des *Indépendants* des œuvres signés : Maurin, Degas, Renoir, Claude Monet, de Nittis, Pissarro, Sisley, Signac, Dubois-Pillet, etc., œuvres qui ont pu être discutées et qui le sont encore ; Courbet l'a bien été jusqu'en 1865, et d'autres avec lui non moins illustres, comme d'autres le seront chaque fois qu'une école quelconque, composée d'artistes con-vaincus, voudra ouvrir une voie nouvelle à l'art fran-çais.

La *Société Nationale des Beaux-Arts* ne distribue pas de médailles ! Mais en revanche, elle affranchit ses *sociétaires* des sévérités du jury ; si, par hasard, elle en avait trois ou quatre cents d'ici l'ouverture de son Salon, elle aurait autant d'*exempts* que de sociétaires, et ce n'est plus le Champs-de-Mars qu'il lui faudrait, mais la plaine de Gennevilliers !

Elle ne donnera plus de *médailles*, mais, en revanche, elle distribuera des *brevets* de capacité à ses stagiaires, lesquels leur donneront le titre d'*exempts*, ce qui fait qu'à un moment donné, très bref, le Salon Meissonier sera envahi et que les jeunes seront éliminés.

La Société nouvelle n'est donc pas un progrès ; elle ne diffère en rien de l'ancienne, excepté en ceci, c'est que dans la *Société des Artiste français*, chaque exempt ne peut exposer que deux toiles, tandis qu'au Salon de la Société Meissonier, les sociétaires exposeront jusqu'à la fin de leurs jours autant d'œuvres qu'ils voudront.

Le Salon de la Société nouvelle est *proclamé libre*, accessible à toutes les manifestations artistiques ;

A toutes les tendances :

A toutes les écoles ;

A tous les genres.

C'est une idée séduisant s, de prime abord, mais ce n'est qu'un leurre, un trompe l'œil, car ce Salon sera absolument fermé aux nouveaux, qui devront passer, pour être reçus, devant un jury composé de *vingt-six membres*, et ce jury refusera ce qui ne lui plaira pas ; il ne sera pas sévère tout d'abord, il faudra bien meubler le Salon et imiter ces directeurs de théâtres qui, lorsqu'une pièce ne fait pas d'argent, distribuent des billets de faveur à tous les concierges du voisinage pour garnir leurs salles et éviter que les acteurs ne jouent devant les banquettes !

Un *Salon libre* ne peut pas exister, pas plus qu'un Salon sans jury; l'expérience en a été faite par le *Salon des refusés*.

Beaucoup d'artistes croient que le goût public est suffisant pour déterminer la valeur d'une œuvre, que ce goût vient d'en bas et jamais d'en haut.

Ces artistes seraient peu flattés de ne voir s'extasier devant leurs tableaux que les habitués du refuge de la rue de Tocqueville ou les chiffonniers de la cité Maupy!

Ils ne seraient pas davantage flattés que M. Prud'homme les traitât de seuls génies artistiques de la France.

Les artistes ont généralement un dédain marqué pour les bourgeois et pour les masses.

Le goût public peut se traduire par l'empressement que les amateurs apportent à acheter les toiles qui sont signées de certains noms.

En somme, qui achète?

Ce sont les hauts fonctionnaires, qui tiennent à l'administration elle-même, les riches amateurs se rapprochent plutôt du gouvernement que des masses, par raison, par goût, par intérêt.

Qui est le guide :

Le jury.

Qui est la sanction:

Les récompenses décernées à l'artiste!

Parce que les médailles ne sont décernées aux artistes qu'après un examen attentif, scrupuleux, minutieux de leurs œuvres, parce que le jury ne prête l'oreille à aucune suggestion, M. Meissonier en sait quel-

que chose, les récompensés n'ont qu'à l'enorgueillir ;
la meilleur preuve, c'est qu'après le second classement
du Salon, quand les tableaux portent sur leur cadre la
récompense obtenue, il est extrêmement rare que le
public ne rectifie pas les décisions du jury et n'y ap-
plaudisse pas.

Une preuve plus grande encore :

On sait que les médailles d'honneur ne sont point décernées par le jury comme les médailles ordinaires; elles
sont données au suffrage des artistes exposants qui
ont déjà obtenu une récompense.

En 1865, il a fallu, pour décerner la médaille d'honneur, *vingt-huit* jours de scrutin pour proclamer M. Cabanel vainqueur de M. Corot.

En 1866, il y eut trois tours de scrutin sans résultats,
les trois concurrents étaient : MM. Bonnat, Carpeaux
et Corot.

On voit que les récompenses ne sont pas décernées à
la légère.

Autre chose :

L'Etat à l'habitude, chaque année, d'acheter au Salon
de la *Société des Artistes français* un certain nombre
d'œuvres récompensées, qui lui sont désignées par les
maîtres qui composent le jury ; ce n'est pas toujours
rémunérateur pour l'artiste, car l'Etat paye moins
cher que les amateurs, mais c'est un grand honneur
pour lui et sûrement un encouragement.

Que fera l'Etat avec les deux Salons ?

Achètera-t-il aux deux ?

Ou n'achètera-t-il qu'au Salon du Palais de l'Industrie, puisqu'il est seul officiel, quoique sous la direction personnelle de la *Société des Artistes français?*

En ce cas, quelle sera la situation faite aux artistes exposants à la nouvelle Société ?

Si l'Etat ne leur achète rien, ils n'auront ni honneur ni profit, il faut avouer que c'est bien peu, et certainement ils n'ont pas songé à cela !

Ici, une question qui s'impose.

La *Société des Beaux-Arts,* fondée par MM. Meissonier, Carolus-Duran, Gervex et autres, peut-elle être profitable aux artistes?

Peut-elle être nuisible à la *Société des Artistes français?* Elle ne peut lui être nuisible en tant que société.

La *Société des Artistes français* ferait moins ou pas de bénéfices; alors elle ne pourrait plus venir en aide à ses sociétaires, et peut-être serait-elle dans l'impossibilité de réaliser son projet d'une maison de retraite pour les artistes infirmes incapables de travailler, peut-être ne pourrait-elle plus établir ses pensions de retraités.

Avec deux Salons, les recettes seraient dispersées.

Les artistes français ont donc tout à perdre à entrer dans la nouvelle société; les jeunes, les prévoyants, soucieux de l'avenir, ont le plus grand intérêt à se grouper autour de la société existante, qui a fait ses preuves, car en admettant, ce qui est improbable, que la *Société nationale des Beaux-Arts* réussisse, elle mettra au moins dix années pour être en mesure de faire ce que fait actuellement la *Sociétés des Artistes français.*

Les artistes intelligents ne doivent pas se laisser prendre au mirage de la nouvelle société, s'ils ne veulent jouer le rôle des alouettes devant le miroir, dont MM. Meissonier, Carolus Duran, Dalou et autres tirent la ficelle.

Pour donner le change, les fondateurs de la nouvelle société ont fait dire par leurs journaux que la *Société des Artistes français* n'était qu'une *Société de bienfaisance*, et que tous les jeunes, dont l'amour de l'art sera la seule préoccupation, feront abnégation d'honneurs officiels et accourront en foule vers eux, que les portes du nouveau Salon ne seront jamais fermées au *vrai talent*.

Qui sera juge du *vrai talent* ?

Le jury des Vingt-Six ?

Supposons, par hasard, il est si grand, mais il y a des probabilités, supposons, dis-je, que soient élus membres du jury des Vingt-Six : MM. Puvis de Chavannes, Carolus Duran, Dagnan-Bouveret, Roll, Duez, Gervex, Boilvin, Lépine, Rodin et Waltner, qui faisaient, au dernier Salon du Palais de l'Industrie, partie du jury. On serait en droit de leur dire :

— Mais vous faisiez partie du jury de la *Société des Artistes français*, comment avez-vous pu attendre si longtemps pour résigner vos fonctions ?

Pourquoi avez-vous la prétention d'être meilleurs et de faire mieux chez vous que vous n'avez fait ailleurs ?

Nous ne voulons pas de vous comme membres du jury !

Vous n'avez pas su trouver le *vrai talent* jadis, vous ne le trouverez pas davantage aujourd'hui?

Que pourraient répondre ces messieurs?

Rien, ils n'auraient qu'à s'incliner.

La *Société nationale des Beaux-Arts* n'est pas encore fondée que déjà les défections se produisent.

Au début de ce chapitre, j'ai donné les noms des sociétaires de la société nouvelle. J'ai eu la curiosité de rechercher, parmi les noms des protestataires qui voulaient bien protester avec M. Meissonier, mais qui, la réflexion aidant, ne voulaient à aucun prix d'une scission entre les artistes et entrer dans la nouvelle société.

Ce sont :

MM. Adan (Emile), Regamey (Félix), Mégret (Adolphe), Itasse, Marchal, Fauvel (Ch.), Bastien-Lepage (G.), Linguet, Dagnaux, Lecreux, Caen (H.), Wallet (Henri), Lasserre (Léon), Hermel (Paul), Perche-Boyer (de la), Bourdier (Pierre), Carrier-Belleuse (Pierre), Tristan Lacroix, Villain (Le), Bretennier (G.), Marty (André), Chevallier, Burgers, Tournier, et d'autres encore.

MM. Jean et Emmanuel Benner n'ont pas craint, eux, de désavouer publiquement, par la lettre suivante, adressée à M. Bailly, président de la *Société des Artistes français,* leurs signatures comme protestataires. Cette lettre exprime certainement la pensée des artistes dont les noms sont cités plus haut; ils ont protesté à leur manière en n'entrant pas dans la société Meissonier :

« Monsieur,

» Mon frère et moi ayant signé la protestation de
M. Meissonier, le soir de l'assemblée générale, nous
tenons à vous faire connaître à quel sentiment nous
avons obéi ce jour-là, et à vous affirmer que notre intention n'a jamais été de contribuer à provoquer la
scission. C'est pourquoi nous vous envoyons copie de
la lettre que nous avons adressée à M. Meissonier, le
24 janvier :

« Monsieur Meissonier,

» En allant signer votre protestation, le jour de l'as-
» semblée générale, nous avons obéi à un sentiment
» bien naturel, celui de témoigner, à un grand artiste,
» que nous n'étions point de ceux qui avaient couvert
» sa voix, jugeant que le talent doit imposer le respect
» à tous, et que dans une assemblée chacun a le droit
» de se faire entendre.

» Après la démarche faite, auprès de vous, par
» MM. Guillaume, Bonnat et Garnier, et après la déci-
» sion du Comité, d'abolir les exemptions en inscrivant
» toutes les récompenses au Livret, nous espérions que
» l'union s'imposerait. Cela n'a pas eu lieu, nous le re-
» grettons profondément, et nous venons vous dire que,
» dans ce cas, notre conscience nous fait un devoir de
» ne pas nous séparer de la Société des Artistes fran-
» çais.

» Veuillez agréer, Monsieur, avec l'expression de

» tous nos regrets, l'hommage de notre haute considé-
» ration. »

» Nous espérons que vous voudrez bien donner com-
munication de notre lettre à messieurs les membres du
Comité.

» Veuillez agréer, monsieur le président, l'expression
de nos sentiments les plus respectueux et les plus
dévoués.

» JEAN BENNER.

» EMMANUEL BENNER. »

Cette lettre, assurément, ne sera pas la dernière.

Si la *Société nationale des Beaux-Arts* ne peut pas
obtenir le Palais des Beaux-Arts au Champ-de-Mars,
et quand même elle l'obtiendrait, elle a un moyen certain, un moyen original de contenter ses sociétaires et
ses postulants.

Ce moyen, le voici :

Elle n'a qu'à embaucher trois ou quatre mille hommes, munis chacun d'un crochet d'encadreur; ce crochet, solidement attaché sur leurs épaules, supporte-
rait les œuvres des artistes; il pourrait tenir quatre
tableaux au moins, deux par devant, deux par derrière;
au besoin, l'homme en mettrait un sur sa poitrine,
comme les aveugles portent le tableau représentant un
couvreur, tombé d'un quinzième étage sur le pavé, et
qui, au lieu de se casser les membres, étant tombé sur
le derrière, a perdu la vue par le contre-coup.

Pour donner plus de charme à l'exhibition, ces hommes pourraient être costumés :

Pour M. Meissonier, en vieux soldat.

Pour M. Gervex, en caleçon de bain très transparent.

Pour M. Carolus Duran, en gentlemen, tenue de salle d'armes.

Pour M. Roll, en apprenti ébéniste ou en critique d'art, le cou orné d'un collier nickelé.

Pour M. Dalou, en général de la Commune.

Pour madame Madeleine Lemaire, une bouquetière Pompadour.

Pour M. Ribot, un charbonnier.

Pour M. Puvis de Chavannes, il ne serait pas difficile de trouver une femme si plate, si plate, qu'une planche à savonner en serait jalouse.

Et ainsi de suite, en appropriant le costume au genre du peintre.

Tous ces hommes seraient placés sur le chemin du nouveau Salon, du boulevard Montmartre au pont d'Iéna, par ordre alphabétique, pour ne pas faire de jaloux ; comme aux enterrements de première classe, l'homme pourrait porter sur un coussin les croix et les médailles de son exposant, voilées d'un crêpe, avec cette inscription : « Souvenirs d'autrefois !!! »

Pour ouvrir la marche, précédant les porteurs, M. Antonin Proust porterait une bannière sur laquelle seraient brodée en lettres d'or la devise de la Société : *Arts et Liberté*, puis ces mots : Au rendez-vous des vrais talents.

Cela coûterait cher, mais la *Société nationale des*

Beaux-Arts, qui, sur *ses bénéfices, veut acheter des œuvres d'art pour offrir aux musées de l'Etat*, aurait un moyen de faire une recette plus grosse qu'elle ne peut espérer en faire avec ses visiteurs, ce serait d'affermer à une société de publicité les annonces et les réclames sur les casquettes, les jambes de pantalons et les souliers des *hommes-cimaises*.

Sur un cartel, au faîte du crochet, la légende des œuvres exposées; puis, immédiatement au-dessous, les titres de l'artiste :

Meissonier (Jean-Louis-Ernest), né à Lyon, médaille 3e classe 1840, 2e classe 1841, 1re classe 1843, ✳ 1846, 1re classe 1848, grande médaille d'honneur 1855 (E. U.), O. ✳ 1856, membre de l'Institut 1861, médaille d'honneur 1867 (E. U.), C. ✳ 1866, G. O. ✳ 1878, rappel de médaille 1878 (E. U.), G. C. ✳ 1889 (E. U.).

Sur le crochet, devant, derrière, et sur la poitrine de l'homme, une douzaine de petits tableaux.

On pourrait lire des annonces du genre celles-ci; cela serait la note gaie :

Sur la casquette de l'*homme-cimaise* : « Vous ne tousserez plus si vous sucez des pastilles Géraudel. » Sur la jambe gauche du pantalon : « Le *Lynx-Express* lit, découpe, traduit les articles des journaux qui intéressent les artistes; sur la jambe droite : « Une jeune fille, blonde, grande, excellente musicienne, demande à emprunter cinquante francs à un monsieur âgé »; sur les souliers : « Cirage électrique au beurre de cacao; il guérit aussi les migraines. »

Dans l'intervalle des *hommes-cimaises*, il pourrait y

avoir des porteurs d'escarcelles, couverts d'une armure, qui solliciteraient la bienveillance des passants pour les jeunes artistes en attendant que la nouvelle société puisse leur venir en aide.

Voilà, je pense, un projet pratique qui ferait courir Tout-Paris, et le Salon ambulant serait une véritable innovation.

Pour terminer et bien démontrer que le Jury des Vingt-Six ne fait pas de *favoritisme*, le jury voterait publiquement, sur le boulevard même, les brevets de capacité.

CONCLUSION

E N 1870, M. Maurice Richard, esprit libéral et éclairé, alors ministre des Beaux-
Arts, songea à affranchir les artistes de
la tutelle de l'Etat.

Sur l'initiative de M. de Chennevière,
une commission fut nommée pour étudier les moyens
d'arriver à un prompt résultat.

Dans ses *Souvenirs d'un directeur des Beaux-Arts*
il raconte *comment et grâce à qui* cette idée généreuse,
sollicitée et soutenue par tous les artistes, échoua :

..... La commission devant qui comparut mon projet,
était loin, je le vis dès la première heure, de le regar-
der avec des yeux d'amis..... Il y avait là Alfred
Arago..... il avait appelé son AMI MEISSONIER, LEQUEL
N'AVAIT JAMAIS CACHÉ SON OPINION TRÈS CONTRAIRE À
NOTRE PROJET ET S'ÉTAIT TOUJOURS ENTÊTÉ À NOUS RE-
FUSER SA SIGNATURE D'ADHÉSION.

« Je ne crois point calomnier le caractère si profondément honorable d'ailleurs, de M. Meissonier, en disant qu'il était de nature porté à la contradiction, ET PEUT-ÊTRE SUFFISAIT-IL QUE SES PLUS HAUTS CONFRÈRES PATRONASSENT UNE PROPOSITION POUR QU'IL MARCHAT D'INSTINCT A L'ENCONTRE. »

L'avis de M. Meissonier prévalut, son autorité fit loi et le projet de M. de Chennevière fut promptement enterré !

Il n'est pas téméraire, après avoir lu ce qui précède, d'affirmer que si, en 1881, M. Turquet avait consulté M. Meissonier pour remettre le Salon aux mains des artistes, comme M. de Chennevière l'avait fait en 1870, le Salon serait encore aux mains de l'Etat, et la *Société des Artistes français* n'existerait pas.

M. Meissonier a la rancune tenace; vingt ans après il revient à la charge, poussé et encouragé par M. Antonin Proust, une des sept puissances modernes, que M. de Chennevière dépeint ainsi dans ses *Souvenirs* :

« Le ministère tout fraîchement créé pour M. Maurice Richard, était plutôt avide, bien naturellement, de se grossir que de se diminuer; or, renoncer aux expositions avant d'avoir goûté de leurs appétissantes relations avec les artistes et avec le public, cela pourrait sembler, en effet, au jeune et ardent personnel dont le pimpant ministre était entouré, d'une complaisance vraiment trop débonnaire. »

Ces lignes se passent de commentaires, elles sont suffisamment explicites, le langage et l'attitude des journaux à la solde de la « coterie » en sont le complément :

M. Meissonier disait au gouvernement en 1870 : Ne lâchez pas le Salon !

M. Meissonier dit et fait dire en 1890, reprenez le Salon !

Il est en cela logique, mais que penser des artistes fourvoyé dans la nouvelle Société ?

Ils n'ont donc pas compris qu'il n'existe pas de question Meissonnier-Bouguereau !

Il n'y a qu'une question dans la scission des artistes, c'est la question Antonin Proust : *To be or not to be !*

Je ne saurais mieux terminer qu'en reproduisant une partie du discours prononcé par M. Bartholdi, au banquet de *la Société libre des Artistes français.*

Ce discours a une extrême importance, en raison des sommités artistiques qui assistaient à ce banquet ; parmi eux, on remarquait :

Mesdames Bertaux, Aron-Caen, Debon, Brodbeck, Tanoux, Noémie Guillaume, Bironneau-Dupré.

MM. Bartholdi, H. Le Roux, C. Paris, Guillemet, Robert-Fleury, Saint-Pierre, Valadon, Harpignies, Barillot, Comerre, Cagniart, Maignan, J. Lefebvre, Yon, Pelouze, Pille, G. Ferru, Benjamin Constant, Gagliardini, Léon Glaize, Bergeret, Beauyerie, Krug, Jean Benner, Pelez, Debon, Galerne, Albert Depré, Dieudonné, Georges Jeannin, Diogène, Maillart, P. Bourgogne, De Gatines, F. Polak, Maurice Polak, Debat-Ponsan, Aimé Perret, P. Vauthier, Cormon, Levillain, Agache, Pointelin, François Flameng, Paul Dupray,

Gaston Roullet, Monbur, Thabard, Gautherin, Aizelin, Valton, Turcan, Mathurin-Moreau, Morice, Jetot., etc.

« En voyant cette réunion si nombreuse, nous pouvons nous réjouir de l'excellent esprit de camaraderie qui unit notre Société, et que vous manifestez si cordialement. Cet esprit est notre force, il plane chez nous au-dessus de toutes les nuances d'opinion ; attachons-nous à le conserver précieusement, car il est plus important que jamais, dans les circonstances délicates où se trouve le monde des arts.

» Pourquoi sommes-nous si unis, malgré les divergences qui 'existent entre nous ? c'est parce que nous sentons le devoir de nous soutenir les uns les autres, parce que nous nous respectons et nous nous aimons dans nos aspirations communes.

» La Société libre a souvent montré la valeur de cette union, qui a quelques fois produit des résultats féconds; espérons qu'elle saura rester dans ces bonnes traditions et qu'elle s'appliquera à exercer une action salutaire dans la présente situation.

» Dans toutes nos réunions, depuis quelque temps vous vous êtes montrés très affectés de la création de la nouvelle Société dite : Nationale ; on s'est demandé pourquoi elle serait plus nationale que l'ancienne grande Société ; c'est une locution dont le sens est tout moderne ; ne nous arrêtons pas à cela, nous ferions de la politique. Ce qui est clair, c'est que la nouvelle Société a voulu être révisionniste et aristocratique.

» Nous n'avons pas à juger ni les évènements, ni la

pensée des personnes qui sont engagées dans ce mouvement ; d'autant plus que nous avons des collègues
qui s'y trouvent, et que notre devoir est, non pas de les
attaquer, mais de *tâcher de les éclairer.*

» Ce que nous pouvons dire en toute sincérité et sans
froisser personne, c'est qu'il a régné dans toute cette
affaire une sorte d'égarement, ou pour mieux dire
d'emballement, dont bien des esprits ne se sont pas
rendu compte.

» Ils se sont trouvés entraînés les uns par les autres,
par des excitations réciproques, sans voir où les con-
duirait la voie où ils s'engageaient. On s'y est engagé
avec les sentiments les plus respectables, et on arrive
inconsciemment à une entreprise qui prend une apparence d'égoïsme, d'ingratitude, de dédain pour la grande
masse des artistes, pour cette grande collectivité dont
les plus effacés méritent le respect de ceux qui sont
arrivés ; car les débutants, les inconnus, les modestes
travailleurs qui n'arrivent pas toujours au succès, n'en
sont pas moins des artistes dans l'âme, et ce sont eux
qui, par leurs sympathies, font les grands artistes ce
qu'ils sont.

» L'élément vital des artistes, la grande manifestation
de leur corps, est le Salon. Ce mot est devenu solennel,
car il ne peut y avoir qu'un Salon, centre commun de
production de toutes les Écoles, de toutes les traditions, de toutes les expressions nouvelles de l'art ; champ
de lutte où les plus célèbres doivent se coudoyer avec
les plus ignorés, où les anciens doivent leur voisinage
aux débutants, où le mouvement d'esprit de tous les

artistes doit se manifester sous la forme la plus complète.

» Qu'il y ait des groupes, des écoles, des associations sympathiques, des expositions particulières, tout cela ne peut que donner du mouvement à l'art; mais constituer des sociétés avec interdiction de participer au Salon de la Société des artistes français, est un acte grave, car il ne tient à rien moins qu'à rompre avec l'esprit de solidarité qui doit unir les artistes entre eux. Toute la question est là. Tâchons donc d'agir en ramenant toutes choses à leur véritable valeur, en les jugeant avec impartialité.

» Un certain nombre de nos confrères, dans un mouvement de sympathie pour un maître de talent et vénéré par tous, se sont émus du mot de patriotisme qui a été prononcé, on ne sait pourquoi; ils se sont engagés dans la pensée d'organiser une nouvelle Société; jusque-là, tout est très simple. L'action ne prend réellement de gravité et ne peut être jugée sévèrement que le jour où cette Société nouvelle inscrit dans ses statuts l'obligation pour ses membres de se séparer absolument de la collectivité des artistes français.

» Le projet de nouvelle société n'était d'abord qu'un groupement d'hommes distingués; par cet article, il prend les apparences d'un acte de sévérité contre tous ceux qui n'en seront pas.

» On peut dire en toute assurance qu'un bon nombre de nos confrères ont été induits en erreur, car ladite Société avait annoncé qu'elle n'avait aucune intention hostile contre la Société des artistes français, elle s'est présentée ainsi au public et au gouvernement.

» Il faut espérer qu'elle s'apercevra de son erreur et qu'elle saura prendre une attitude plus conforme à ses intérêts, plus digne de l'esprit qui doit animer de grands artistes.

» Voilà le seul point auquel il faut s'arrêter, l'erreur qu'il faut tâcher de faire comprendre et qui, nécessairement, finira par être compris; nous devons nous y attacher avec dévouement.

» Vous voyez combien notre Société, par son caractère de bonne camaraderie, peut se rendre utile en ce moment; les esprits les plus droits trouveront chez nous le moyen de discuter, de s'éclairer, de s'entendre; il faut espérer que nous aurons la satisfaction de rendre service à l'art dans cette occasion, aussi bien que nous avons déjà réussi dans d'autres circonstances. Attachons-nous à l'esprit d'union, ne souffrons pas que le léger accroc fait à notre drapeau puisse devenir une déchirure, car bientôt nous le verrions en pièces, nous ne serions plus que des isolés, à la merci des évènements, *sans actions contre ceux qui pourraient se réjouir de ce spectacle.* »

10.

APPENDICE

LISTE DES TABLEAVX

ET

Pièces de Scvlptvre

EXPOSEZ DANS LA COVRT DV PALAIS
ROYAL PAR MESSIEVRS LES PEINTRES & SCVLPTEVRS
DE L'ACADÉMIE ROYALE

Quatre grands tableaux faits par Monſieur Le Brun, Chancelier et Recteur de l'Academie, le premier repreſentant la defenſe de Porus par Alexandre.

Le second est le paſſage du Granique.

Le troisieme la bataille d'Arbelle.

Et le quatrieme le triomphe d'Alexandre.

Vn tableau fait par M. Champagne, Recteur de l'Academie, repreſentant Jésus-Christ avec les deux pelerins d'Emaüs.

Encore un autre du meſme, ou ſont les deux portraits de Meſſieurs Anguier & de Mademoiselle Anguier.

Trois tableaux de M. Loir, Recteur de l'Academie. Le premier represente Berenice qui arrache un papier des mains de Ptolemee, dans lequel estaient les noms des perfonnes condamnees a mort, parce que le Roy le lifait en joüant, jugeant que quand il y va de la vie des hommes, il y faut plus d'attention.

Le fecond, Pithopolis, femme de Pithes Roy, faifant fervir fur table toutes sortes de viandes, reprefentees en or maffif, pour guerir l'avarice de ce Prince qui voulait que fes fujets ne travaillaffent qu'aux mines d'or.

Le troisieme, Policrite, qui envoye vn pain a fes freres, dans lequel estoit vn avis important.

De M. Girardon, Recteur de l'Academie, vn Bufte de marbre reprefentant Monfieur Le Premier Prefident.

De M. Bernard, Profeffeur, vn petit *Jéfvs* de miniature, en ovale, & vn petit payfage en quarre.

De M. Beaubrun, Tresorier, deux Portraits; l'vn reprefentant Monfieur Bottar, Auditeur des Comptes, dans vn ovale; et l'autre Monsieur Renaudot, Medecin.

De M. de Seve, Confeiller de l'Academie, vn tableau reprefentant vn Moyfe qui donne a boire au troupeau des filles de Jethro.

De M. Jufte, le pere, deux tableaux; dans l'vn des deux font les Portraits de Monfieur & Madame Perfeval; & dans l'autre de Monfieur Perfeval leur fils.

De M. Boulogne, Profeffeur, deux tableaux; l'vn reprefentant Dedale & Icare; Et l'autre Samfon a qui Dalila coupe les cheveux pour les livrer aux Philiftins.

De M. Buifter, vne figure de marbre reprefentant Ganimede.

De M. Teftelin, Secretaire, deux Portraits; l'vn du Roy et l'autre de la Reine; Et un autre tableau du Temps qui arrache les ailes a l'Amour.

De M. Paillet, Profeffeur, trois tableaux; deux defquels sont jaunes, verds, clairs-obfcurs ou camayeux (c'eft comme l'on nomme cette forte d'ouvrages) l'vn reprefente Clelie qui fe sauvant de chez le Roy Porfenna ou elle estoit en otage passe le Tibre accompagnee de neuf compagnes; Et le petit ovale colore la mefme chose.

L'autre camayeux ou clair-obscur reprefente Hipficratee concubine du Roy Mithridate qui le fuit à la guerre.

De M. Mauperche, Conseiller, deux Bustes de platre, l'vn de Democrite et l'autre d'Heraclite; Et vne petite Vierge en bas-relief bronze.

De M. Ferdinand, Conseiller, trois Portraits; l'vn de Monsieur Huyot, l'autre en ovale de M. le Chevalier d'Harcourt; Et vn autre ovale de M. Mouchi.

De M. Champagne, Profeffeur, deux tableaux; l'vn reprefentant Alexandre auquel l'Ambaffadeur d'Ethiopie vient faire des soûmiffions; et l'autre eft Ptolemee qui fait voir la Bibliotheque aux Philofophes avec lefquels il confere.

De M. Blanchard, Profeffeurs, quatre tableaux; le premier reprefentant la Nativite de Notre-Seigneur.

Le second Vespasien qui fait batir le Colifee.

Le troisieme Coriolan retenu par sa mere et par fes fœurs pour l'empefcher d'aller a l'armee; Et le quatrieme eft vn Portrait de femme en ovale.

De M. Le Fevre, Conseiller, dix Portraits. Le premier

vn Saint-Pierre dans la grande falle; le fecond de M. de Seignelay fils de Monfieur Colbert; Le troisieme de M. le Comte Du Lude, Grand Maitre de l'Artillerie, Le quatre de Madame la Ducheffe d'Aumont, Le cinq de M. le President de Torigny; Le six ou eft represente M. de la Granje, religieux de S. Victor. Le sept vn petit ovale ou eft le Portrait du fieur Poiffson, Comedien, Le huit le Portrait de M. Le Camus, Le neuf le Portrait du fieur La Fleur, Comedien. Et le dixieme Mademoifelle de Raimond.

De M. Le Hongre, Profeffeur, la Figure du Roy, sur le cheval de bronze.

De M. Des Jardins, Profeffeur, deux bas-reliefs; l'vn reprefentant Apollon qui pourfuit Daphne et l'autre reprefentant vne justice.

De M. Friquet, Profeffeur pour l'anatomie, vn tableau reprefentant vn Moyse apporte par deux hommes à la fille de Pharaon.

De M. Rouffelet, Conseiller, quatre Tailles douces, l'vne reprefentant vn Hercule qui tüe l'Hidre.

La feconde, le mefme Hercule, combattant Acheloüs; La troisieme l'enlevement de Dejanire par le Centaure Neffe; Et la quatrieme Hercule fe jettant dans le bucher qu'il avoit allumé fur le Mont Octa; ces quatre Eftampes gravees fur les tableaux du Guide qui font dans le Cabinet du Roy. Davantage vne autre taille douce d'vn Christ defcendu de la croix et porte au fepulcre par ses difciples; grave d'apres le tableau du Titien, qui eft au Cabinet du Roy. Lefdites tailles-douces font dans la petite salle.

De M. Rabou, Conseiller, vn Portrait reprefentant le sieur Perier.

De M. Bodeffon, Conseiller, quatre tableaux; l'vn reprefentant des fleurs dans un vaze de cryftal pose fur vne corniche, vn autre reprefentant un Perroquet & des fleurs fur vn tapis violet; vn autre un panier plein de fleurs pose fur vne balustrade; Et le quatrieme eft vn autre vaze pareillement plein de fleurs.

De M. Le Maire, fept tableaux; l'vn reprefentant le Portrait du General des Peres Mathurins & l'autre Monsieur le Cure de Saint-Jean en Greve. Vn autre ou eft reprefente Monfieur Bachot & fa femme, laquelle prefente a son mari vn cœur enflamme. Le quatrieme eft vn Portrait d'Enfant. Le cinquieme eft le Portrait de Madame Daquin. Le fixieme celuy de Monfieur l'Abbé son fils. Le feptieme celuy de fon autre fils, Chanoine de Saint Nicolas du Louvre.

De M. Rouffeau trois Payfages & vn autre tableau d'Architecture en Perfpective, tous de trois pieds chacun environ.

De M. Stella, vn tableau reprefentant le Baptefme de N. Seigneur.

De M. Montagne, vn tableau rond reprefentant vn Christ qui entre dans vne naffelle avec de fes difciples, & vn autre ou eft reprefente l'enlevement d'Hercule dans le Ciel.

De M. Chafteaux, trois Eftampes. La premiere eft le Martyre de Saint Eftienne, grave fur le tableau d'Hannibal Carache. La feconde S. Paul enleve au troifieme Ciel, grave fur le tableau de Pouffin. Et la troifieme vne

11

Affomption de la Vierge, de Carache. Ces trois tableaux font dans le Cabinet du Roy.

De M. Vallet, fix Eftampes ; la premiere d'vne grande Thefe reprefentant l'Eglise qui foudroye l'Heresie. La feconde une Vierge d'après le Guide. La troifieme le Portrait du Duc de Savoye. La quatrieme celuy de M. l'Abbé de Noüailles. La cinquieme le Portrait de feu M. d'Aubray, Lieutenant civil, Et la fixieme le Portrait de M. le Lieutenant Particulier.

De M. Picaud, trois Tailles-douces, la premiere reprefentant la Vertu victorieufe des Vices, accompagnee des autres Vertus & couronnee par les mains de la Gloire, gravee d'apres le Correge. La feconde vn concert de musique, Et la troifieme vne Sainte Cecile chantant les loüanges de Dieu. Ces deux dernieres gravees d'apres les tableaux du Dominicain qui font dans le Cabinet du Roy.

Vn grand Tableau de plat-fond fait par M. Vignon, reprefentant Mars avec sa Planete.

Vn tableau reprefentant des Moutons & quelques Chevres, fait par M. Nicafius.

De M. Maniere, deux petites figures de Sculpture, l'vne d'vn homme & l'autre d'vne femme tenant chacune vn vaze d'ou elles verfent de l'eau.

De M. Weugle, vn petit tableau reprefentant vn Moyse a genoux devant le buiffon ardent.

De M. Chameton, vn payfage reprefentant Diane qui va a la chaffe avec fes filles.

De M. Dupuy, vn grand tableau de Fleurs, defquels trois reprefentent des vazes antiques pleins de Fleurs &

dans le quatrieme on void des singes qui cueillent des grenades.

De M. Laminoy, vn tableau de Payfage ou eft Saint François qui reçoit les ftigmates.

De M. Habot, deux tableaux de Fleurs dans l'vn defquels eft vn Jardin, ou l'on void vne Fontaine & vn Bufte de femme couvert d'vn rideau & dans l'autre eft reprefente vne Moiffine de raisins.

De M. Garnier, cinq Portraits, a fçavoir celuy de Monfieur Rémy, de Monfieur Figuel, de Monfieur Dantan, de Monfieur Balthazard & de Mademoifelle Ragne, ce dernier fait en Paftel, outre lefquels Portraits font encore six tableaux de Fruits, Melons & Raifins.

De M. Raon vne figure de Terre de deux pieds de haut reprefentant Apollon.

De M. Corneille quatre tableaux, l'vn reprefentant Sapho chantant & joüant de la Lyre. Le fecond reprefentant Aspafie, Reine d'Egypte, au milieu d'vne converfation de fçavants hommes. Le troisieme reprefentant Orphee & Eurydice. Et le quatrieme eft vn petit Payfage ou l'on void vn Moyse qu'on expose sur l'eau.

De M. Vandremeule deux tableaux, l'un reprefentant la Ville de Lille & l'autre celle de Dôle ou dans tous les deux est le Roy.

De M. Bourguignon quatre tableaux, defquels l'vn est son Portrait, vn autre grand Portrait d'vne Dame a qui vne petite fille prefente des fleurs & les deux autres font deux Portraits d'hommes.

De M. Cotelle deux tableaux l'vn dans vn Payfage ovale ou eft represente vn petit Moyse dans vn berceau a la fille de Pharaon & l'autre eft vn petit tableau de Miniature reprefentant un Sacrifice.

De M. Horaffe vn grand tableau d'vn plat-fond reprefentant la Terreur & fes attributs.

De M. Le Clerc, deux Eftampes gravees à l'eau-forte, l'vne reprefentant le Mofoléee ou Catafalque qui a été fait a la mémoire de feu Monsieur le Chancelier pour Meffieurs de l'Académie, de laquelle il a été le Protecteur, & l'autre reprefentant l'Arc triomphale de la Porte faint Antoine, & une façade du chafteau du Louvre, toutes dans la petite falle.

De M. Armant vn Payfage dans lequel eft reprefente vn Moyse fur l'eau.

Six tableaux de Trophees d'Armes faits pour Verfailles, par Mademoiselle Madeleine Boullogne, avec vn autre de fruits.

Et vn autre tableau d'vn Payfage fait par Mademoiselle Genevieve Boullogne, sa fœur.

Le Portrait de Mademoiselle Cheron, peint par elle mefme.

De M. Francifque deux Tableaux de Payfages de quatre à cinq pieds chacun ou environ.

De M. Aillier vn tableau reprefentant vne Charite Romaine & deux Portraits en ovale.

Ce Livret, qui fut le premier Catalogue, fut publié, en 1673, par Pierre Le Petit, imprimeur et éditeur du Roy. Il est le seul exemplaire qui existe aujourd'hui.

Il est composé de quatre pages, *verso* et *recto*. Sur

la couverture, est une gravure sans nom d'auteur ; elle est une merveille ; elle représente une tête entourée de rayons lumineux. Au-dessous, en écusson, les armes de l'Académie, une fleur de lys et trois petits écus ; sur les côtés, soutenant l'écusson, deux figurines jouf-flues ; à leurs pieds, au centre, est une palette avec les attributs de la peinture et de la sculpture ; le tout sur un fond de lauriers et d'oliviers.

Une grande banderole porte en légende : *Nec pluri-bus impar*.

Ce Livret se trouve à la Bibliothèque Nationale sous la classification : 4° V. 2654, Aa 1.

Le premier et le deuxième tirage sont réunis dans la même plaquette ; le premier tirage porte les corrections faites pour le deuxième.

.   .   .   .

SALON DE 1868

Le chapitre des récompenses du règlement de 1868, sous l'Empire, était à peu près le même que ceux des années antérieures; toutefois, il est ainsi modifié :

DES RÉCOMPENSES

ART. 23. — Le jury d'admission sera également chargé de désigner les artistes qui se seront rendus dignes des médailles à décerner.

ART. 24. — Ces médailles seront d'une seule espèce, de la valeur de 400 francs, sauf ce qui est spécifié à l'article 27.

ART. 25. — Les propositions du jury ne pourront dépasser pour la section de peinture, 40 médailles; de sculpture 15, dont 13 exclusivement appliquées à la sculpture, 1 à la gravure en médailles, 1 à la gravure en pierres fines; architecture, 6; gravure et lithographie, 8.

Comme aux expositions dernières, il ne sera pas fait de rappels de médailles, ni accordé de mentions honorables.

ART. 26. — Nul artiste ne pourra obtenir la médaille plus de trois fois dans chaque section. Seront considérés comme hors de concours, pour les médailles, les artistes qui ont obtenu, soit l'ancienne médaille de première classe, soit l'ancienne médaille de deuxième classe, précédée de l'ancienne médaille de troisième classe ou suivie d'un rappel, soit l'ancienne médaille de troisième classe, deux fois rappelée, soit la médaille nouvelle trois fois rappelée.

ART. 27. — Deux médailles d'honneur, de 4,000 francs chacune, pourront être décernées aux auteurs des deux œuvres les plus éminentes du Salon. Un comité spécial désignera les ouvrages dignes de ces deux médailles.

Ce Comité sera présidé par le surintendant des Beaux-Arts et composé des quatre présidents de section, ou des vice-présidents, en cas d'empêchement des présidents, et de deux membres par section; ces derniers seront désignés par la voix.

Paris, 5 décembre 1868.

Comte de NIEUWERKERKE.   Maréchal VAILLANT.

SALON DE 1871

La Commune autorise le citoyen Gustave Courbet, président des peintres, nommé en Assemblée générale, à rétablir dans le plus bref délai les musées de la Ville de Paris dans leur état normal et d'y favoriser le travail qui s'y fait habituellement.

La Commune autorisera à cet effet les quarante-six délégués qui seront nommés demain jeudi, 13 avril, en séance publique, à l'École de Médecine (grand amphitéâtre), à deux heures précises.

De plus, elle autorise le citoyen Courbet, ainsi que cette assemblée, à rétablir dans la même urgence l'Exposition annuelle aux Champs-Élysées.

Paris, le 12 avril 1871.

La Commission exécutive :

AVRIAL, F. COURNET, DELESCLUZE, FÉLIX PYAT, TRIDON, VERMOREL, E. VAILLANT.

Journal officiel du mercredi 12 avril :

AVIS

Aux artistes peintres, sculpteurs, architectes, graveurs sur médailles, graveurs lithographes, art décoratif dit industriel.

La Commission provisoire, élue dans une seconde séance

tenue à l'École de Médecine, le lundi 10 avril, convoque tous les artistes présents à Paris pour jeudi, 13 avril, à deux heures précises, afin de procéder à l'élection d'une Commission définitive chargée de représenter leurs intérêts.

On lit dans le *Journal officiel* de la Commune du samedi 15 avril 1871 :

« Hier, à deux heures, a eu lieu, dans le grand amphithéâtre de l'École de Médecine, la réunion d'artistes provoquée par M. Courbet, avec l'autorisation de la Commune. La salle était absolument pleine, et tous les arts y étaient largement représentés. Nous remarquons parmi les peintres : MM. Feyen-Perrin, Héreau ; MM. Moulin et Delaplanche, parmi les sculpteurs ; la caricature a envoyé M. Bertal ; la gravure, M. Michelin ; la critique, M. Philippe Burty. Beaucoup d'architectes et d'ornemanistes. Une assemblée de plus de quatre cents personnes. M. Courbet préside, assisté de MM. Moulin et Pottier. Ce dernier donne, avant tout, lecture d'un rapport élaboré par une Commission préparatoire et rédigé par lui. Ce document, très intéressant, contenait des considérations vraiment élevées sur les besoins et les destinées de l'art contemporain.

» Confier aux artistes seuls la gestion de leurs intérêts.

» C'est cette idée qui parait dominer dans l'esprit du rapport de la sous-commission. Il s'agit d'instituer une *fédération* des artistes de Paris, en comprenant sous ce titre tous ceux qui exposent leurs œuvres à Paris. »

FÉDÉRATION DES ARTISTES DE PARIS

Les artistes de Paris, adhérant aux principes de la République communale, se constituent en Fédération.

Ce ralliement de toutes les intelligences artistiques aura pour bases :

« La libre expansion de l'art, dégagé de toute tutelle gouvernementale et de tous privilèges.

» L'égalité des droits entre tous les membres de la Fédération.

» L'indépendance et la dignité de chaque artiste, mises sous la sauvegarde de tous par la création d'un Comité élu au suffrage universel des artistes. » Ce Comité fortifie les liens de solidarité et réalise l'unité d'action.

CONSTITUTION DU COMITÉ

Le Comité est composé de quarante-sept membres représentant les diverses Facultés, savoir :

16 peintres ;
10 sculpteurs ;
5 architectes ;
6 graveurs et lithographes ;
10 membres représentant l'art décoratif, nommé improprement art industriel.

Ils sont nommés au scrutin de liste et au vote secret.

Ont droit de prendre part au vote, les citoyens et citoyennes qui justifient de la qualité d'artistes, soit par la notoriété de leurs travaux, soit par une carte d'exposant, soit par une attestation écrite de deux parrains artistes.

Les membres du Comité sont élus pour une année.

A l'expiration du mandat, quinze membres, désignés par un vote secret du Comité, resteront en fonctions pendant l'année suivante, les trente-deux autres membres seront remplacés.

Les membres sortants ne peuvent être réélus qu'au bout d'une année d'intervalle.

Le droit de révocation peut être exercé contre un membre qui ne remplit pas son mandat. Cette révocation ne peut être prononcée qu'un mois après que la demande en a été faite, et si elle est votée en assemblée générale, à la majorité des deux tiers des votants.

DÉTERMINATION DU MANDAT

Ce gouvernement du monde des arts par les artistes a pour mission :

La conservation des trésors du passé ;

La mise en œuvre et en lumière de tous les éléments du présent ;

La régénération de l'avenir par l'enseignement.

MONUMENTS, MUSÉES

Les monuments, au point de vue artistique, les musées et les établissements de Paris renfermant des galeries, collections et bibliothèques d'œuvres d'art, n'appartenant point à des particuliers, sont confiés à la conservation et à la surveillance administrative du Comité.

Il en dresse, conserve, rectifie et complète les plans, inventaires, répertoires et catalogues.

Il les met à la disposition du public pour favoriser les études et satisfaire la curiosité des visiteurs.

Il constate l'état de conservation des édifices, signale les réparations urgentes, et présente à la Commune un compte-rendu fréquent de ses travaux.

Après examen de leur capacité, et enquête sur leur moralité, il nomme des administrateurs, secrétaires, archivistes et gardiens, pour assurer les besoins du service de ces établissements, et pour les expositions, dont il sera ultérieurement parlé.

Il les révoque pour cause de négligence, mauvaises gestions ou malversations constatées.

EXPOSITIONS

Le Comité organise les expositions communales ayant lieu à Paris.

Pour les expositions nationales ou internationales qui n'ont pas lieu à Paris, il délègue une commission chargée des intérêts des artistes parisiens.

Il n'y admet que des œuvres signées de leurs auteurs, créations originales ou traductions d'un art par un autre, telles que la gravure reproduisant la peinture, etc.

Il repousse d'une manière absolue toute exibition mercantile, tendant à substituer le nom de l'éditeur ou du fabricant à celui du véritable créateur.

Il n'est pas décerné de récompenses.

Les travaux ordinaires commandés par la Commune seront répartis entre les artistes que les suffrages de tous les exposants auront désignés.

Les travaux extraordinaires sont donnés au concours.

ENSEIGNEMENT

Le Comité surveille l'exécution du dessin et du modelage dans les écoles primaires et professionnelles communales, dont les professeurs sont nommés au concours ; il favorise l'introduction des méthodes attrayantes et logiques, estampille les modèles, et désigne les sujets chez lesquels se révèle un génie supérieur, et dont les études doivent être faites aux frais de la Commune.

Il provoque et encourage la construction de vastes salles pour l'enseignement supérieur, pour des conférences sur l'esthétique, l'histoire et la philosophie de l'art.

PUBLICITÉ

Il sera créé un organe de publicité intitulé : *Officiel des Arts.*

Ce journal publiera, sous le contrôle et la responsabilité du Comité, les faits concernant le monde des arts et les renseignements utiles aux artistes.

Il publiera les comptes-rendus des travaux du Comité, le procès-verbal de leurs séances, le budget des recettes et dépenses, et tous les travaux de statistique apportant la lumière et préparant l'ordre.

La partie littéraire, consacrée aux dissertations sur l'esthétique, sera un champ neutre ouvert à toutes les opinions et à tous les systèmes.

Progressif, indépendant, digne et sincère, l'*Officiel des Arts* sera la constatation la plus sérieuse de notre régénération.

ARBITRAGES

Pour toutes les contestations litigieuses relatives aux arts, le Comité, sur la demande des parties intéressées, artistes ou autres, désigne des arbitres conciliateurs.

Dans les questions de principe et d'intérêt général, le Comité se constitue en conseil arbitral, et ses décisions sont insérées à l'*Officiel des Arts*.

INITIATIVE INDIVIDUELLE

Le Comité invite tout citoyen à lui communiquer toute proposition, projet, mémoire, avis, ayant pour but le progrès dans l'art, l'émancipation morale ou intellectuelle des artistes, ou l'amélioration matérielle de leur sort.

Il en rend compte à la Commune et prête son appui moral et sa collaboration à tout ce qu'il juge praticable.

Il appelle l'opinion publique à sanctionner toutes les tentatives de progrès, en donnant à ces propositions la publicité de l'*Officiel des Arts*.

Enfin, par la parole, la plume, le crayon, par la reproduction populaire des chefs-d'œuvre, par l'image intelligente et moralisatrice, qu'on peut répandre à profusion et afficher aux mairies des plus humbles communes de France, le Comité concourra à notre régénération, à l'inauguration du luxe communal et aux splendeurs de l'avenir, et à la République universelle.

> G. COURBET, MOULINET, STEPHEN, MARTIN,
> ALEXANDRE JOUSSE, ROSZEZENCH, TRICHON,
> DALOU, JULES HÉREAU, C. CHABERT,
> H. DUBOIS, A. FALEYNIÈRE, EUGÈNE POT-
> TIER, PERRIN, A. MOULLIARD.

On lit dans le *Journal officiel* de la Commune, du mercredi 10 mai 1871 :

« La Commission de l'enseignement, en publiant dans le *Journal officiel* le rapport de la Commission fédérale des artistes, sur les réformes à apporter dans l'administration des Beaux-Arts, n'a pris que les points saillants de ce travail ; par exemple, les considérations qui ont motivé la suppression ou l'augmentation des budgets, se réservant d'en publier postérieurement le travail complet avec les chiffres proposés.

> *Le Délégué à l'Instruction publique,*
> ÉDOUARD VAILLANT.

RAPPORT

De la Commission fédérale des Artistes (peintres, sculpteurs et graveurs en médailles, architectes, graveurs et lithographes, artistes industriels) au citoyen Vaillant, délégué à l'Instruction publique, sur les réformes à apporter dans l'administration des Beaux-Arts.

Vous nous avez invité, citoyen, à vous présenter deux budgets comparatifs des Beaux-Arts.

Nous avons établi le premier sur les états de l'ancienne administration ; le second est celui présumé strictement nécessaire par la Commission.

Il résulte, citoyen, de votre entretien avec les délégués de notre Commission, que, dans votre esprit, cette commission devait tenir lieu de l'ancienne direction des Beaux-Arts.

C'est ainsi que nous-mêmes avons compris notre rôle, nous réservant toutefois de mettre ce service en harmonie intime avec les institutions nouvelles.

Ce qui implique nécessairement l'abandon radical du principe autoritaire, qui était l'essence même de l'ancienne administration.

Quelles que soient les difficultés de la situation, nous espérons être à la hauteur de notre tâche, forts du mandat que nous avons reçu de nos électeurs.

Le but que nous poursuivons est et doit être :

1º Réformes pécuniaires et meilleur emploi des fonds ;

2º Suppression du favoritisme, application des principes démocratiques réalisant l'idéal de justice : l'art par la liberté.

Vous remarquerez, citoyen, que les principales réformes que nous vous proposons comprennent :

1º La suppression des budgets des services incompatibles avec l'inauguration d'un régime de liberté ;

2º L'augmentation du budget des services de l'enseignement communal ;

3º Suppression du budget des secours et encouragements officiels, faisant rentrer ainsi les artistes dans le droit commun, et les affranchissant de toute tutelle gouvernementale ;

4º La diminution du budget du services architectural par la décentralisation absolue.

Considérations relatives à la suppression du budget de l'Ecole des Beaux-Arts.

L'art étant l'expression libre et originale de la pensée, il en résulte, au point de vue de l'enseignement :

Que toute direction officielle imprimée au jugement de l'élève est fatale et condamnée ;

Qu'elle ne peut même appartenir à une majorité artistique, puisque :

Admettant même cette direction comme bonne, elle tend néanmoins à détruire l'individualité.

C'est pourquoi :

L'enseignement rationnel de l'art nous semble complété, lorsque l'aspirant a acquis la somme de connaissances élémentaires et pratiques qui lui permettent de traduire sûrement ses sensations.

En foi de quoi, nous déclarons :

En vertu du principe d'égalité, la Commune doit à chacun de ses membres l'enseignement gratuit à tous les degrés, le plus élevé de tous ces degrés ayant pour limites le point où l'enseignement sort du domaine des faits acquis, pour entrer dans celui des doctrines autoritaires.

En deux mots : doit à l'élève l'outillage, l'artiste doit l'œuvre.

La Commission conclut donc à la suppression des budgets : de l'ancienne école des Beaux-Arts, de l'Ecole de Rome et d'Athènes, et de la section des Beaux-Arts de l'Institut, et émet le vœu que les bâtiments de l'Ecole soient affectés à des cours pratiques et à des cours de sciences appliquées à l'art.

SALONS DE 1871 A 1881

RÈGLEMENT DE L'EXPOSITION PUBLIQUE

DES

OUVRAGES DES ARTISTES VIVANTS

POUR L'ANNÉE 1876

Le ministre,

Sur la proposition du directeur des Beaux-Arts,

Le conseil supérieur des Beaux-Arts,

Arrête :

CHAPITRE PREMIER

DU DÉPOT DES OUVRAGES

ARTICLE 1er. — L'exposition des ouvrages des artistes vivants aura lieu au Palais des Champs-Elysées, du 1er mai au 20 juin 1890. Elle sera ouverte aux productions des artistes français et étrangers.

Les ouvrages de peinture, architecture, gravure, devront être déposés, du 8 au 20 mars inclusivement, de 10 heures à 4 heures ; le 20 mars, ils seront reçus jusqu'à 6 heures du soir.

Les ouvrages de sculpture, dans leur forme définitive, devront être déposés du 8 mars au 5 avril, de 10 heures à 4 heures ; le 5 avril, ils seront reçus jusqu'à 6 heures du soir.

Aucun sursis ne sera accordé, pour quelque motif que ce soit ; en conséquence, toute demande de sursis sera considérée comme non avenue et laissée dès lors sans réponse.

Art. 2. — Sont admises à l'Exposition les œuvres des sept genres ci-après indiquées :

1º Peinture ;

2º Dessins, aquarelles, pastels, miniatures, émaux, porcelaines, cartons des vitraux et vitraux, à l'exclusion toutefois des vitraux et cartons de vitraux qui ne représenteraient que des sujets d'ornementation ;

3º Sculpture ;

4º Gravure en médailles et sur pierres fines ;

5º Architecture ;

6º Gravure ;

7º Lithographie.

Les artistes ne pourront envoyer à l'Exposition que deux ouvrages de chacun des sept genres désignés ci-dessus.

Sera considéré comme ne formant qu'un seul ouvrage tout assemblage de gravures, de lithographies, de médailles, dans un cadre dont la surface, mesurée extérieurement, n'excédera pas 1 mètres 26 centimètres carrés, y compris la bordure.

Art. 3. — Ne pourront être présentés :

Les copies, sauf les copies sur émail, sur porcelaine ou sur faïence originales, ou copies servant à la décoration d'objets ayant une forme usuelle, tels que vases ou coupes, plats, etc.; ces sortes de peintures étant plus spécialement du domaine de l'art industriel ;

Les ouvrages qui ont figuré aux expositions précédente, à Paris ;

Les tableaux et autres objets sans cadre ;

Les ouvrages d'un artiste décédé, à moins que le décès ne soit postérieur à l'ouverture du dernier Salon ;

Les ouvrages anonymes ;

Les sculpture en terre non cuite et les réductions d'ouvrages de sculpture déjà exposés.

ART. 4. — Chaque cadre ne devra contenir qu'un objet pour la présentation au jury, sauf aux artistes à réunir ensuite dans le même cadre les œuvres du même genre, si la nature du sujet l'exige.

Les peintres miniaturistes et les graveurs en médailles et sur pierres fines pourront seuls grouper leurs œuvres sur la même planche.

ART. 5. — Les ouvrages ayant des cadres de forme ronde ou ovale, ou à pans coupés, devront être ajustés sur des planches dorées de forme rectangulaire.

ART. 6. — Les ouvrages envoyés à l'Exposition devront être adressés franc de port à M. le Directeur des Beaux-Arts, au Palais des Champs-Elysées.

ART. 7. — Chaque artiste, en déposant ou en faisant déposer ses œuvres, devra en même temps remettre ou faire remettre une notice signée de lui, contenant ses nom et prénoms, le lieu de sa naissance, les noms de ses maîtres, la mention des récompenses obtenues par lui aux expositions de Paris, ou sa qualité de grand prix de Rome, ou de prix du Salon ; enfin son adresse et le sujet de ses ouvrages.

Ceux qui ne pourront accompagner leurs œuvres, devront les faire déposer par une personne munie de leur autorisation écrite.

ART. 8. — Chacun des sept genres désignés ci-dessus, à l'article 2 devra être inscrit sur une notice séparée.

ART. 9. — Un appendice du catalogue sera consacré aux ouvrages de peinture et de sculpture exécutés, depuis l'Exposition dernière, dans les monuments publics et qui, par la place fixe qu'ils occupent dans la décoration de ces monuments publics, ne sont pas susceptibles de figurer au Salon.

Les artistes, en déposant au bureau du catalogue la notice indicative des travaux de cette nature exécutés par eux, devront produire, à l'appui de leur déclaration, un certificat de l'architecte du monument attestant la commande de ces travaux et la date de leur réception.

Art. 10. — Dès que les ouvrages auront été enregistrés, nul ne sera admis à les retoucher.

Art. 11. — Aucun ouvrage ne pourra être reproduit sans une autorisation écrite de l'auteur.

Art. 12. — Nul objet exposé ne pourra être retiré avant la clôture de l'Exposition, à moins de circonstances exceptionnelles dont l'administration sera juge.

Les ouvrages exposés au salon devront être retirés dans le courant du mois qui suivra la clôture.

Ils ne sont rendus que sur la présentation du récépissé. Après le délai précité, les ouvrages cesseront d'être sous la surveillance de l'administration.

CHAPITRE II

DE L'ADMISSION

Art. 13. — L'admission des ouvrages présentés par les artistes, qui ne remplissant aucune des conditions indiquées à l'article 22 ci-après, sera prononcée par un jury composé :

Pour les trois quarts, de membres nommés à l'élection ;

Pour le dernier quart, de membres nommés directement par l'administration.

Art. 14. — Le jury sera divisé en quatre sections :

La première, comprendra la peinture, les dessins, aquarelles, pastels, miniatures, émaux, porcelaines, cartons de vitraux et vitraux ;

La seconde, la sculpture et la gravure en médailles et pierres fines ;

La troisième, l'architecture ;

La quatrième, la gravure et la lithographie.

Art. 15. — Les listes des quatre sections du jury élu par les artistes seront composées de :

15 membres pour la section de peinture ;

9 membres pour la section de sculpture ;

6 membres pour la section d'architecture ;

8 membres pour la section de gravure.

(La section de sculpture devra comprendre au moins un graveur en médailles et un graveur sur pierre fines ; — la section de gravure devra comprendre quatre graveurs sur burin, deux graveurs à l'eau forte, un lithographe et un graveur sur bois.)

Art. 16. — Sont électeurs tous les artistes, exposants ou non, remplissant l'une des conditions suivantes : membres de l'Institut ou décorés de la Légion d'honneur pour leurs œuvres, ou ayant obtenu, soit une médaille ou le prix du Salon aux précédentes expositions, soit le grand prix de Rome.

Art. 17. — Le vote des noms à désigner pour le jury aura lieu le 23 mars, de 10 heures du matin à 5 heures du soir.

Les artistes électeurs, exposants ou non exposants, seront admis à voter, les premiers, sur la présentation de leur récépissé ; les seconds, après avoir apposé leur signature sur un régistre spécial. Chacun d'eux déposera, dans celle des quatre urnes qui correspondra à sa section. un bulletin portant les noms des jurés choisis par lui.

Les artistes exposants ou non exposants, qui, domiciliés hors de Paris ou absents momentanément de cette ville, ne pourraient venir en personne, le 23 mars, au Palais des Champs-Élysées, devront envoyer par leur correspondant, muni de leur récépissé ou de leur autorisation, un pli cacheté signé d'eux, contenant leur bulletin de vote également cacheté.

ART. 18. — Le dépouillement du scrutin aura lieu le 24 mars, à 10 heures du matin, en présence de M. le Directeur des Beaux-Arts et des artistes qui voudront assister à cette opération.

S'il y a lieu de pourvoir au remplacement d'un ou de plusieurs des jurés élus, il y sera pourvu parmi les personnes que l'élection aura désignées à la suite.

ART. 19. — Le Directeur des Beaux-Arts sera président du jury, mais chacune des sections élira un président et un vice-président particuliers.

ART. 20. — La présence, dans chaque section, de la moitié au moins des jurés sera nécessaire pour la validité des opérations.

ART. 21. — Pour l'admission de toute œuvre soumise au jury, la majorité absolue des membres présents est indispensable. En cas de partage, l'admission sera prononcée.

ART. 22. — Seront reçus sans examen les ouvrages des artistes hors concours.

Nul ne jouira de cette exemption que dans la section où il aura obtenu ses récompenses.

ART. 23. — Le placement des ouvrages sera fait par l'administration sur les indications du jury. Quand ce travail de placement sera terminé, le jury tout entier sera invité à donner son avis sur les dispositions générales ou particulières ; mais, pendant les travaux du placement, les portes seront fermées à tout le monde sans exception.

CHAPITRE III

DES RÉCOMPENSES

ART. 24. — Le jury d'admission sera également chargé de désigner les artistes qui se seront rendus dignes des médailles à décerner.

ART. 25. — Les médailles seront de trois classes, sauf ce qui est spécifié à l'article 29 :

La première classe, d'une valeur de 1,000 francs; la deuxième, d'une valeur de 600 francs; la troisième, d'une valeur de 400 francs.

ART. 26. — Les propositions du jury ne pourront dépasser :

Pour la section de peinture, dessin, etc., trois médailles de première classe, six médailles de deuxième classe, douze médailles de troisième classe ;

Pour la section de sculpture, gravure en médailles et pierres fines, deux médailles de première classe, trois médailles de deuxième classe, six médailles de troisième classe ;

Pour la section d'architecture, une médaille de première classe, deux médailles de deuxième classe, trois médailles de troisième classe ;

Pour la section de gravure, une médaille de première classe, deux médailles de deuxième classe, quatre médailles de troisième classes.

Des mentions honorables pourront être décernées dans chaque section, à la suite des médailles.

ART. 27. — Nul artiste ne pourra obtenir une médaille d'un ordre inférieur ou égal aux médailles déjà obtenues ; celui qui aura obtenu la première médaille, ou une troisième suivie d'une seconde médaille, sera considéré comme hors concours.

12

Les anciennes médailles et anciens rappels de médailles ont, bien entendu, la valeur des médailles mêmes; la médaille unique, établie par le règlement de 1864, a la valeur d'une troisième médaille, si elle n'a été obtenue qu'une fois; d'une deuxième, si elle a été obtenue deux fois; d'une première, si elle a été obtenue trois fois.

ART. 28. — Tous les jurys, réunis en séance générale, sous la présidence du Directeur, choisiront entre les exposants des diverses sections un artiste âgé de moins de trente-deux ans, auquel ils reconnaîtront, par ses œuvres exposées, les qualités les plus propres à profiter d'un séjour de trois années en Italie.

Il est alloué au jeune artiste désigné par le jury une somme de 4,000 francs pour chacune des années qu'il devra séjourner en Italie. Il remplira durant son séjour les conditions stipulées par l'arrêté du 16 mai 1874.

ART. 20. — Deux médailles d'honneur, de la valeur de 4,000 francs chacune, pourront être décernées aux auteurs des deux œuvres les plus éminentes du Salon, par les sections réunies des divers jurys sous la présidence du Directeur des Beaux-Arts.

A la suite de la distribution des récompenses, le Directeur des Beaux-Arts se chargera de faire reproduire par la gravure l'ouvrage ou les ouvrages qui auront mérité la médaille d'honneur.

ART. 30. — Les résolutions des jurys des récompenses seront prises à la majorité absolue des suffrages, la voix du président étant prépondérante. La présence des deux tiers au moins des membres sera indispensable pour la validité des opérations.

ART. 31. — Les récompenses seront distribuées en séance solennelle, dans l'ordre même où le jury les a votées, et les œuvres récompensées seront, lors du remaniement du Salon, désignées au public par des cartels.

CHAPITRE IV

DES ENTRÉES

ART. 32. — L'Exposition sera ouverte tous les jours de la semaine.

L'entrée sera gratuite le jeudi et le dimanche; les autres jours, il sera perçu un droit d'entrée de un franc par personne.

Une carte d'entrée personnelle sera mise à la disposition de chaque artiste exposant; une carte semblable sera délivrée, sur une demande écrite adressée à M. le Directeur des Beaux-Arts, à chacun des artistes électeurs non exposants.

ART. 33. — Le produit des entrées est versé au Trésor public; l'Etat consacre à l'acquisition d'œuvres exposées une somme équivalente à ce produit.

Le ministre de l'Instruction publique, des Cultes et des Beaux-Arts,

H. WALLON.

Par le ministre,

Le Directeur des Beaux-Arts,

PH. DE CHENNEVIÈRE.

SALON DE 1881 A 1889

COMITÉ DES ARTISTES

EXPOSITION PUBLIQUE

DES

OUVRAGES DES ARTISTES VIVANTS

POUR L'ANNÉE 1881

RÈGLEMENT

DISPOSITIONS GÉNÉRALES

CHAPITRE I

DU DÉPOT DES OUVRAGES

Article Ier. — L'Exposition annuelle des ouvrages des artistes vivants aura lieu au Palais des Champs-Elysées, du lundi 2 mai au lundi 20 juin 1881.

Elle sera ouverte aux productions des artistes français et étrangers.

Les ouvrages devront être déposés au Palais des Champs-Elysées conformément au règlement particulier de chaque section. Aucun sursis ne sera accordé pour quelque motif que ce soit ; en conséquence, l'administration du Salon considérera toute demande de sursis comme nulle et non avenue.

ART. 2. — Sont admises au Salon les œuvres des six genres ci-après désignés :

1º Peintures ;

2º Dessins, aquarelles, pastels, miniatures, émaux, porcelaines, faïences, cartons de vitraux et vitraux, à l'exception toutefois des vitraux et cartons de vitraux qui ne représenteraient que des objets d'ornementation ;

3º Sculpture ;

4º Gravure en médailles et gravure sur pierres fines ;

5º Architecture et gravure d'architecture ;

6º Gravure et lithographie.

ART. 3. — Ne pourront être présentés :

Les copies, sauf celles qui reproduisent un ouvrage par un procédé différent ;

Les ouvrages qui ont figuré aux Expositions précédentes de Paris ;

Les tableaux et autres objets sans cadre ;

Les ouvrages d'un artiste décédé, à moins que le décès ne soit postérieur à l'ouverture du dernier Salon ;

Les ouvrages anonymes ;

Les sculptures en terre non cuite et les réductions d'ouvrages de sculpture déjà exposés.

ART. 4. — Les ouvrages envoyés à l'Exposition devront être expédiés franco de port à M. le président du Conseil d'administration du Salon, au Palais des Champs-Elysées.

Chaque ouvrage exposé pourra être muni d'un cartel portant le nom de l'auteur et l'indication du sujet,

ART. 5. — Chaque artiste, en déposant ou faisant déposer

ses œuvres, devra en même temps donner une notice signée de lui, contenant ses nom et prénoms, *sa nationalité*, le lieu et la date de sa naissance, le nom de ses maîtres, la mention des récompenses obtenues par lui aux Expositions de Paris, sa qualité de prix de Rome ou de prix du Salon, son adresse, le sujet et les dimensions de ses ouvrages.

Ceux qui ne pourraient accompagner leurs œuvres devront les faire déposer par une personne munie de leur autorisation écrite.

ART. 6. — Les ouvrages des six genres désignés ci-dessous devront être inscrits sur une notice séparée.

ART. 7. — Un appendice du catalogue sera consacré aux édifices publics ou privés construits par les architectes, ainsi qu'aux ouvrages de peinture et de sculpture exécutés pour la décoration de ces monuments, et qui, par la place fixe qu'ils occupent, ne sont pas susceptibles de figurer au Salon.

ART. 8. — Dès que les ouvrages auront été enregistrés, nul ne sera admis à les retoucher.

ART. 9. — Aucun ouvrage ne pourra être reproduit sans une autorisation écrite de l'auteur.

ART. 10. — L'administration du Salon mettra tous ses soins pour assurer la bonne conservation des objets d'art qui lui seront confiés par les artistes, mais elle décline d'avance toute responsabilité pécuniaire dans le cas où ils se trouveraient endommagés ou perdus par quelque cause que ce soit.

Nul objet ne pourra être retiré avant la clôture de l'Exposition, à moins de circonstances exceptionnelles dont l'administration du Salon sera juge.

Les ouvrages admis au Salon devront être retirés avant le 10 juillet. Ils ne seront rendus que sur la présentation du récépissé. Après le délai précité, les ouvrages cesseront d'être sous la surveillance de l'administration du Salon.

CHAPITRE II

DE L'ADMISSION

ART. 11. — L'admission des ouvrages présentés par les artistes sera prononcée par un jury élu à la majorité relative. Il n'y a pas d'incompatibilité entre les fonctions de juré et celles de membre de Comité des Quatre-vingt-dix, ou celles de membres du Conseil d'administration de la Société d'organisation du Salon.

Le jury sera divisé en quatre sections :

La première comprendra la peinture, les dessins, pastels, aquarelles, miniatures, porcelaines, faïences, cartons de vitraux et vitraux ;

La deuxième comprendra la sculpture, la gravure en médailles et sur pierres fines ;

La troisième, l'architecture ;

La quatrième, la gravure et la lithographie.

ART. 12. — Sont électeurs dans la section où ils envoient leurs œuvres, tous les artistes français ayant déjà été admis au moins une fois au Salon dans ladite section.

Les artistes électeurs seront admis à voter après avoir apposé leur signature sur un registre spécial. Chacun d'eux déposera, dans l'urne de la section dans laquelle il est électeur, un bulletin plié, portant les noms des jurés choisis par lui.

Les électeurs qui ne pourraient venir voter en personne, aux jours indiqués pour le vote de chaque section, pourront envoyer leur bulletin à M. le président du Conseil d'administration, au Palais des Champs-Elysées, sous un pli cacheté signé de leur nom. Ces votes seront consignés sur le registre des élections.

ART. 13. — Le dépouillement de chaque scrutin sera fait le jour même du vote, avec toutes les garanties nécessaires

q pour en assurer la sincérité, aussitôt après la clôture des
ᴜ urnes et en présence de M. le président du Conseil d'admi-
ᴀ nistration et des artistes qui voudront assister à cette opé-
ᴛ ration.

S'il y a lieu de pourvoir au remplacement d'un ou de
ᴊ plusieurs jurés élus, il y sera pourvu en prenant à la suite
ᴅ dans l'ordre du scrutin.

ART. 14. — Pour l'admission de toute œuvre soumise au
ᵢ jury, la majorité absolue des membres présents est indis-
ᵢ pensable.

En cas de partage, l'admission sera prononcée

Toutes les œuvres sans exception seront soumises au jury.

Le placement des ouvrages sera fait conformément aux
ᵢ indications données par le jury.

Jusqu'à l'ouverture de l'Exposition, les portes du Salon
seront rigoureusement fermées à toutes les personnes qui
n'y seraient pas appelées par suite de leurs fonctions ou
d'une convocation spéciale. Cette disposition ne s'applique ni
au ministre des Beaux-Arts, ni au sous-secrétaire d'Etat,
ni au commissaire général près l'Exposition des Beaux-
Arts

CHAPITRE III

DES RÉCOMPENSES

ART. 15. — Le jury d'admission votera dans chaque section toutes les récompenses, sauf la médaille d'honneur.

L'acceptation des fonctions de juré entraîne la renoncia-
tion à toutes les récompenses données par le jury.

ART. 16. — Les médailles seront de trois classes, en dehors de la médaille d'honneur.

Des mentions honorables pourront être décernées par le
jury à la suite des médailles.

ART. 17. — Nul artiste ne pourra obtenir une médaille d'un ordre inférieur ou égal aux médailles qu'il a déjà obtenues. La médaille d'honneur est exceptée de cette disposition.

Celui qui aura obtenu une première médaille sera hors concours.

Celui qui aura obtenu une seconde médaille sera considéré comme hors concours, mais le jury pourra toujours lui décerner une première médaille.

Les médailles et rappels de médailles, antérieurs à 1884, ont la valeur des médailles actuellement décernées. La médaille unique, établie par le règlement de 1864, a la valeur d'une troisième médaille, si elle n'a été obtenue qu'une fois; d'une deuxième, si elle a été obtenue deux fois; d'une première, si elle a été obtenue trois fois.

ART. 18. — Une médaille d'honneur pourra être décernée dans chaque section.

Elle sera votée par tous les exposants et le jury de la section.

Elle ne donnera lieu qu'à un seul tour de scrutin et sera décernée à l'artiste qui aura obtenu le plus grand nombre de voix, pourvu toutefois que ce nombre soit égal au tiers, plus un, du nombre total des votants.

ART. 19. — Les œuvres récompensées seront, lors du remaniement du Salon, désignées au public par des cartels.

ART. 20. — Les récompenses seront distribuées par le Comité et les quatre sections du jury, en séance solennelle, le 23 juin, dans l'ordre même où le jury les aura votées.

CHAPITRE IV

DES ENTRÉES

ART. 21. — L'Exposition sera ouverte tous les jours de la

semaine, de huit heures du matin à six heures du soir, sauf le lundi, jour où les portes n'ouvriront qu'à midi.

Toutefois, le lundi 2 mai, jour de l'ouverture, les portes seront ouvertes à neuf heures.

Le droit d'entrée est fixé à deux francs avant midi et à un franc dans la journée. Par exception, le jour de l'ouverture et le vendredi de chaque semaine, le droit d'entrée est fixé à cinq francs toute la journée. Le dimanche, les portes ouvriront à dix heures, et l'entrée sera gratuite.

ART. 22. — Des cartes d'entrée, rigoureusement personnelles, seront mises à la disposition des artistes exposants. Ces cartes seront distribuées aux ayant droit dans les bureaux du secrétariat de l'administration du Salon, au Palais des Champs-Elysées. Les artistes, pour s'en servir, devront y apposer leur signature.

ART. 23. — Il sera fait un service pour la presse.

ART. 24. — Le 1er mai, veille de l'ouverture du Salon, les artistes seront admis, sur la présentation de leur récépissé, à pénétrer dans les salles de l'Exposition.

ART. 25. — Il y aura des cartes d'abonnement.

SALON DE 1889

Le chapitre III du règlement de 1889, en ce qui concerne les récompenses, est ainsi modifié sur le règlement de 1881 :

CHAPITRE III

DES RÉCOMPENSES

ART. 15. — Les récompenses seront votées conformément au règlement particulier de chacune des sections.

En dehors d'une médaille d'honneur, chacune des sections disposera de médailles de trois classes.

La médaille d'honneur peut être donnée à un artiste qui l'a déjà obtenue. Elle sera votée pour toutes les sections, le 31 mai.

Nul artiste ne pourra d'ailleurs recevoir une récompense d'un ordre inférieur ou égal aux récompenses qu'il a déjà obtenues. Des mentions honorables pourront être décernées par le jury à la suite des médailles. Comme celles-ci, elles ne sauraient être décernées deux fois au même artiste.

Les médailles et rappels de médailles, antérieurs à 1864, ont la valeur des médailles actuellement décernées. La médaille unique établie par le règlement de 1864 a la valeur d'une troisième médaille, si elle n'a été obtenue qu'une seule fois; d'une deuxième, si elle a été obtenue deux fois; d'une première, si elle a été obtenue trois fois.

13

ART. 16. — Les œuvres récompensées seront, lors du re-maniement du Salon, c'est-à-dire les 28, 29 et 30 mai, désignées au public par des castels.

ART. 17. — Les récompenses seront distribuées par le Comité de la Société des Artistes français et les jurys des quatre sections, en séance solennelle, dans l'ordre même où elles auront été votées.

SALON DE 1890

SOCIÉTÉ DES ARTISTES FRANÇAIS

MODIFICATION AU RÈGLEMENT

DE

1881 à 1889

Le projet suivant, émanant de M. Gérôme, fut adopté le 25 janvier par les deux sections de peinture et de sculpture réunies.

Les peintres, sous la présidence de M. Bouguereau, les sculpteurs sous celle de M. Cavellier.

Le projet avait été autographié par les soins du Comité et envoyé aux intéressés, qui avaient pu l'étudier à l'aise et venir à la réunion avec des idées bien arrêtées; aussi son adoption eut-elle lieu presque sans débat.

Ce projet fut ratifié par le Comité des 90 en Assemblée générale.

Cinquante membres nommés au suffrage universel.

Sur les cinquante élus, vingt seront tirés au sort pour la réception des ouvrages et les récompenses, et cinq supplémentaires.

Ces vingt jurés seront tirés au sort comme suit :

4 jurés sur la première dizaine.

4	—	deuxième	—
4	—	troisième	—
4	—	quatrième	—
4	—	cinquième	—

Un juré supplémentaire sera tiré au sort sur chaque dizaine.

A la fin des opérations du jury, dix membres seront tirés au sort, sur les vingt qui auront siégé, pour être inéligibles l'année suivante.

Pour être nommé du jury, il faut être hors concours.

SCULPTURE

Le jury, sera composé de trente membres. Il devra comprendre 24 statuaires, 2 sculpteurs d'animaux, 3 graveurs en médailles, 1 graveur en pierres fines.

Le jury une fois nommé, 5 jurés suppléants, dont un graveur sur pierres fines, seront désignés en prenant à la suite dans l'ordre du scrutin.

Les membres du jury ne pourront fonctionner plus de deux années consécutives.

On fera connaître aux électeurs les jurés sortants, non rééligibles dans l'année.

DISPOSITIONS TRANSITOIRES

Pour les deux premières années, à la fin des opérations du jury, dix membres seront désignés par le sort pour n'être point rééligibles l'année suivante.

Ce tiers non rééligible comprendra 7 statuaires, 1 sculpteur d'animaux, 1 graveur en médaille et 1 graveur sur pierres fines.

ARCHITECTURE

12 membres à nommer et 12 supplémentaires.

Le bulletin de vote ne comprendra que 9 noms.

Les membres supplémentaires seront pris à la suite dans l'ordre de la majorité des voix obtenues.

Le roulement se fera en tirant au sort 5 membres parmi les 12 qui auront siégé et qui ne seront pas rééligibles l'année suivante.

La gravure maintient son règlement.

RÈGLEMENT DE L'AGENCE GÉNÉRALE

DE LA

DEFENSE DE LA PROPRIÉTÉ ARTISTIQUE

Suivant délibération en date du 24 mars 1885, le Comité de la Société des Artistes français a décidé la création d'une Agence pour la défense de la propriété artistique. Le règlement ci-dessous a été adopté par lui dans sa séance du 20 avril 1885 :

I

Il est créé dans le sein de la Société des Artistes français, une Commission qui sera chargée spécialement de contrôler les opérations de l'Agence énérale de cette Société.

II

Cette Commission prendra le titre de : Commission de la propriété artistique.

Elle se composera : 1° des Présidents, Vice-Présidents, Secrétaires et Trésorier de la Société des Artistes français; 2° et de treize membres, dont six peintres, trois sculpteurs, deux architectes et deux graveurs nommés par le Comité à la majorité des membres présents.

Seront éligibles tous les membres de la Société des Artistes français.

III

Le président du Comité est de droit président de la Commission de la propriété artistique. Celle-ci nommera un vice-président, un secrétaire et un trésorier.

Le secrétaire pourra être choisi en dehors des membres de la Commission.

IV

La Commission se renouvellera par moitié tous les ans, alternativement 6 et 7 membres. Le sort désignant les membres qui doivent être remplacés. Les membres sortants sont rééligibles.

En cas de conflit avec la Société des Artistes français, la Commission pourra être dissoute par le Comité qui, en ce cas, procédera immédiatement à la composition de la Commission.

Les membres de la Commission dissoute pourront être réélus.

En cas de démission ou de décès, le Comité procédera au remplacement dans sa plus prochaine réunion.

Seront considérés comme démissionnaires, les membres qui n'auront pas assisté aux séances de la Commission pendant plus de trois mois, sans excuses jugées valables par la Commission.

V

Toutes les opérations de l'Agence générale de la Société des Artistes français sont soumises au contrôle de la Commission de la propriété artistique et du Conseil judiciaire de ladite Société.

La Commission s'occupe de toutes les questions relatives à la propriété artistiques et fait les règlements particuliers destinés à régler les rapports des associés avec l'Agence.

Elle détermine d'une façon précise le cadre dans lequel l'Agence devra se mouvoir, c'est-à-dire les cas dans lesquels elle peut intervenir et protéger la propriété artistique. En dehors des points prévus et désignés, l'artiste sera libre d'agir à ses risques et périls.

La Commission étudie avec l'Agent général les clauses des traités qui fixent le droit des artistes.

Elle détermine les cas dans lesquels elle juge utiles toutes les actions judiciaires, que chacun des membres de la Société pourrait avoir, soit comme demandeur, soit comme défendeur, à raison de la reproduction de ses œuvres et les droits en résultant, ou des préjudices causés à son droit de propriété.

Les procès seront introduits et soutenus à la requête de la Société des Artistes français, à la poursuite et diligence de son Trésorier, conformément à l'article 17 des Statuts de la Société, et aussi à la requête de l'artiste lui-même aux frais de la Société.

La Commission surveille la perception des droits de reproduction qui sera faite par l'Agence.

SOCIÉTÉ DES ARTISTES FRANÇAIS

STATUTS

Dénomination et objet de la Société.

ARTICLE PREMIER.

Il est fondé, entre les artistes français, une Société qui a pour objet :

1º De représenter et défendre les intérêts généraux des artistes français, notamment par l'organisation des expositions annuelles des Beaux-Arts ;

2º De prêter aide et assistance à ses membres dans toutes les occasions où cela pourrait leur être utile.

Elle prend le titre de : *Société des Artistes français.*

Son siège social est fixé à Paris.

Composition de la Société.

ARTICLE 2.

La Société existe entre les signataires du présent acte et tous ceux qui, remplissant la condition d'admis-

sibillté ci-après prévue, signeront, suivant les for-
mules arrêtées par le Comité, leur adhésion aux présents statuts.

Elle est ouverte à tous les artistes français qui ont
été admis par un jury au moins une fois à l'Exposition
annuelle des artistes vivants dite : le *Salon*, ou aux expositions universelles françaises (classe des Beaux-
Arts), ainsi qu'à tous ceux qui y seront admis au moins
une fois dans l'avenir.

ARTICLE 3.

Les associés sont répartis, suivant leur spécialité, en
quatre sections qui comprennent :

La première : la peinture ;

La deuxième : la sculpture, la gravure en médailles
et la gravure sur pierres fines ;
La troisième : l'architecture ;

Et la quatrième : la gravure et la lithographie.

Un associé peut être membre de plusieurs sections
s'il remplit, dans chacune d'elles, les conditions exigées
par l'article 2 pour faire partie de la Société.

ARTICLE 4.

Le titre de sociétaire ne confère pas le droit d'être
admis aux expositions annuelles des Beaux-Arts, sans
être soumis à l'examen du jury.

ARTICLE 5.

Le titre de membre d'honneur peut être conféré par

le Comité aux personnes qui auront rendu d'importants services à l'art ou à la Société.

Ce titre ne confère pas le droit de prendre part aux Assemblées générales.

Ressources de la Société.

ARTICLE 6.

Les ressources de la Société consistent en :

1º Une cotisation annuelle dont le chiffre est fixé par le Comité [1] ;

2º Les bénéfices des expositions des Beaux-Arts ;

3º Les dons et legs qui seront offerts à la Société ;

4º Et ses revenus.

Tout associé peut s'exonérer de la cotisation annuelle moyennant le versement d'un capital déterminé par la Société [2].

ARTICLE 7.

Les ressources de la Société sont affectées :

1º A l'organisation et au fonctionnement des expositions annuelles. A cet effet, un fonds spécial de deux cent mille francs sera tout d'abord constitué sur les premières ressources de la Société et placé dans une

---

[1] Cotisation fixée annuellement à 12 francs.
[2] Capital fixé actuellement à la somme de 200 francs.

caisse publique, et, si ce fonds vient à être entamé, la somme distraite sera rétablie aussitôt que possible ;

2º Aux acquisitions et dépenses pour objets mobiliers ou immobiliers votés soit par le Comité, soit par l'Assemblée générale des associés ;

3º Aux secours, dons, encouragements et récompenses accordés, au nom de la Société, par le Comité ;

4º Enfin à la création et à l'accroissement des fonds de réserve qui sera placé dans une caisse publique.

Le tout suivant les règles et dans les proportions fixées chaque année lors de l'établissement du budget, en répartissant les dépenses à faire dans l'intérêt de chaque section, proportionnellement au nombre de ses adhérents.

Le Comité détermine le mode d'emploi du fonds de réserve, sans qu'aucun des sociétaires puisse réclamer une part des bénéfices de la Société, dont le but n'est pas la recherche de gains particuliers, mais la défense d'intérêts collectifs et le développement des œuvres d'aide et de protection mutuelle.

Administration.

ARTICLE 8.

L'administration de la Société est confiée à un Comité composé de quatre-vingt-dix membres pris parmi les associés et dont le mandat est gratuit.

ARTICLE 9.

Le premier Comité se compose de quatre-vingt-dix

membres élus le trois novembre mil huit cent quatre-
vingt-un par les artistes français.

Il restera en fonctions pendant trois ans, à partir du
jour de son élection.

Le Comité est intégralement renouvelé tous les trois
ans : les membres sortants sont rééligibles.

Chaque membre du Comité est élu par les associés de
sa section en non par l'ensemble des associés, et chaque
section des artistes associés sera représentée dans la
proportion suivante, savoir :

La section de peinture, par cinquante mem-
bres, ci.   50
Celle de sculpture, par vingt membres, ci. . . .   20
Celle d'architecture, par dix membres, ci. . . .   10
Et celle de gravure, par dix membres, ci. . . .   10
Total égal quatre-vingt-dix-membres, ci. . .   90

Les membres du Comité représentant une de ces sections pourront se réunir pour discuter les affaires qui
lui sont propres et régler l'emploi des fonds qui provien-
dront de la répartition qui sera faite conformément à
l'article 7 ci-dessus.

Les décisions qui en résulteront seront portées à la
connaissance du Comité, qui ne pourra s'y opposer
qu'autant qu'elles lui sembleraient empiéter sur les
droits d'une autre section ou porter atteinte aux intérêts
généraux de la Société.

ARTICLE 10.

En cas de vacances par décès, démission ou autre empêchement, le Comité pourvoit aux remplacements en prenant à la suite des artistes qui ont obtenu le plus de voix lors de l'élection précédente.

ARTICLE 11.

Chaque année, le Comité nomme parmi ses membres un président, deux vice-présidents, quatre secrétaires, dont un par section, et un trésorier, qui sont rééligibles.

En cas d'absence des président et vice-présidents, il nomme, parmi ses membres, celui qui doit remplir les fonctions de président.

ARTICLE 12.

Le Comité se réunit au siège social tous les trois mois. Il peut être réuni extraordinairement sur la demande du Sous-Comité qui sera ci-après créé.

La présence de vingt-cinq membres au moins et nécessaire pour la validité des délibérations qui sont prises à la majorité des voix, sauf dans le cas ci-après prévu en l'article 14.

En cas de partage, la voix du président est prépondérante.

Nul ne peut voter par procuration dans le sein du Comité.

ARTICLE 13.

Le procès-verbal de chaque séance est transcrit sur un registre spécial, signé du président et du secrétaire.

Les extraits ou copies à produire sont signées par le président ou l'un des vice-présidents.

Article 14.

Le Comité est investi des pouvoirs les plus étendus pour la gestion et l'administration de toutes les affaires sociales.

La nomenclature suivante n'est qu'indicative et non limitative de ses droits et pouvoirs :

Il représente la Société dans toutes les circonstances et agit en son nom.

Il exerce, tant en demandant qu'en défendant, toutes actions judiciaires et administratives.

Il fait tout règlement pour le régime intérieur ou extérieur de la Société, et pourvoit à tous les besoins de l'administration de la Société.

Il propose à l'Assemblée générale toute modification aux statuts.

Il a la complète organisation des expositions.

Il statue sur la répartition des locaux des expositions entre les différents arts, suivant le sectionnement ci-dessus indiqué. Cette répartition devra, pour être définitive, être approuvée par les deux tiers des membres du Comité.

Il arrête le budget annuel des recettes et dépenses de la Société.

Il donne et prend à bail les locaux nécessaires à la Société.

Il achète et vend tous immeubles ; il contracte toutes

obligations et confère toutes hypothèques ; il achète et
vend toutes valeurs mobilières et consent à cet effet
tous transferts, il paye et reçoit toutes sommes ; il donne
toutes quittances et consent tous désistements.

Il conclut tous marchés.

Il nomme ou révoque tous employés, agents ou mandataires, détermine leurs attributions et fixe leurs trai-
tements.

Il admet les nouveaux adhérents et les membres
d'honneur, et propose à l'Assemblée générale les radiations, s'il y a lieu.

Il statue sur les demandes d'aide et assistance.

Il décide s'il y a lieu pour la Société de prendre en
main les intérêts privés se rattachant à une question artistique et concernant un sociétaire.

Il traite, transige, et compromet sur tous les intérêts
de la Société.

Il accepte les dons et legs faits à la Société.

Il arrête les comptes qui doivent être soumis à l'Assemblée générale.

Il convoque l'Assemblée générale des Sociétaires au
moins une fois chaque année, et, en outre, chaque fois
qu'il le juge nécessaire.

Il convoque également les sections des sociétaires
pour les élections nécessitées par le renouvellement
triennal du Comité.

En cas de non-payement par un Sociétaire de la cotisation annuelle, le Comité décide si le recouvrement
doit en être exigé, ou s'il y a lieu de provoquer la radiation de ce sociétaire.

ARTICLE 15.

Les délibérations du Comité relatives à des emprunts, à des acquisitions d'immeubles, à l'acceptation de dons et legs sont soumises à l'approbation du gouvernement.

ARTICLE 16.

Le Comité constitue chaque année un Sous-Comité composé de vingt-six de ses membres.

Ce Sous-Comité est chargé d'expédier les affaires courantes, sous la condition expresse de rendre compte de sa gestion, tous les trois mois, au Comité.

Le président, les vice-présidents du Comité, ainsi que les secrétaires et le trésorier, font partie de droit de ce Sous-Comité avec leurs mêmes qualités.

Les dix-huit autres membres sont nommés au scrutin par chacun des groupes du Comité représentant une section. Ils se composent de :

Dix membres pour la section de peinture ;

Quatre membres pour la section de sculpture ;

Deux membres pour la section d'architecture ;

Et deux membres pour la section de gravure.

La présence de neuf membres du Sous-Comité est nécessaire pour la validité des délibérations.

Le procès-verbal des délibérations prises par le Sous-Comité est transcrit sur un registre spécial.

Les extraits à en produire sont signés par le président ou l'un des vice-présidents.

ARTICLE 17.

La Société est valablement représentée en justice par

son trésorier ou un membre délégué par le Sous-Comité.

Tous traités, engagements et actes quelconques, autorisés par le Comité ou le Sous-Comité, sont valables s'ils sont revêtus de la signature du président ou d'un seul membre délégué.

Assemblées générales.

ARTICLE 18.

Une assemblée générale a lieu au moins une fois par an.

Elle est composée de tous les sociétaires convoqués par lettre. Une insertion faite au moins quinze jours à l'avance, dans quatre journaux, indiquera également le lieu, le jour et l'heure de la convocation.

Pour que ces délibérations soient valables, l'Assemblée générale doit réunir le vingtième des membres de la Société. Si cette condition n'est pas remplie sur une première convocation, l'Assemblée générale convoquée une seconde fois, à quinze jours d'intervalle au moins, délibère valablement, quel que soit le nombre des membres qui la composent.

Les délibérations sont prises à la majorité des voix des membres présents.

ARTICLE 19.

En cas de modifications à apporter aux statuts, l'Assemblée générale devra être composée du quart au moins des sociétaires, et la délibération devra être prise à la majorité des deux tiers des membres présents.

Si l'Assemblée ne réunit pas un nombre suffisant de sociétaires, une nouvelle Assemblée générale sera convoquée et sa délibération sera valable, quel que soit le nombre des membres présents, mais elle devra toujours être prise à la majorité des deux tiers.

Les modifications aux statuts devront être soumises à l'approbation du gouvernement.

ARTICLE 20.

Les Assemblées générales sont présidées par le président du Comité ou l'un des vice-présidents. Il est assisté par les secrétaires, qui rédigent le procès-verbal et font l'office de scrutateurs.

Nul ne peut se faire représenter aux Assemblées générales par un mandataire, ce mandataire fût-il sociétaire lui-même.

ARTICLE 21.

L'ordre du jour est arrêté par le Comité.

Il n'y est porté que les propositions émanant de lui ou celles qui lui ont été communiquées, huit jours au moins avant la réunion, par un groupe représentant au moins cent associés.

Il ne peut être mis en délibération que les objets portés à l'ordre du jour.

ARTICLE 22.

L'Assemblée générale entend le rapport du Comité

sur l'état des travaux de la Société et sur la situation financière.

Elle discute, s'il y a lieu, et approuve les comptes.

Elle statue sur les radiations des sociétaires, mais seulement sur la proposition du Comité.

Elle délibère et statue souverainement sur tous les intérêts de la Société et confère au Comité les pouvoirs supplémentaires qui seraient reconnus utiles.

ARTICLE 23.

Les délibérations de l'Assemblée générale sont constatées sur un registre spécial par des procès-verbaux signés des membres du Bureau. La feuille de présence, certifiée par les membres du Bureau, est annexée au procès-verbal.

Les copies ou extraits à produire des délibérations de l'Assemblée sont signés par le président du Comité et un secrétaire.

Dissolution.

ARTICLE 24.

L'Assemblée générale, à la majorité des trois quarts des membre présents représentant au moins le tiers des sociétaires, pourra prononcer la dissolution de la Société et nommer un ou plusieurs liquidateurs avec les pouvoirs les plus étendus.

Les membres qui auraient cessé de faire partie de la

Société au jour de la dissolution, ainsi que les héritiers des membres décédés avant le prononcé légal de cette dissolution, n'auraient dans ce cas ni droit à exercer, ni réclamation à produire dans l'actif.

Cet actif sera remis à une œuvre analogue à celle qui fait l'objet des présents statuts, désignée par le ministre des Béaux-Arts.

Vu à la section de l'intérieur, le 14 mars 1883.

Le Rapporteur,

H. DE VILLENEUVE.

Ces statuts ont été délibérés et adoptés par le Conseil d'Etat dans sa séance du 19 avril 1883.

Le Maître des Requêtes,
Secrétaire général du Conseil d'Etat,

A. FOUQUIER.

1890

EXPOSITION

DES

ARTISTES INDEPENDANTS

RÈGLEMENT

ARTICLE PREMIER.

La Société des Artistes indépendants ouvrira le 20 mars son Exposition annuelle au Pavillon de la ville de Paris (Champs-Élysées).

ARTICLE 2.

Le local de l'Exposition sera divisé en un nombre de salles égales comme superficie et installation. Les angles de chaque salle seront masqués par des pans coupés de 1 m. 25 de largeur.

ARTICLE 3.

Sont admises les œuvres des cinq genres ci-après désignés :

1º Peinture. — 2º Sculpture, gravure en médaille et sur pierres fines. — 3º Gravure et lithographie. — 4º Dessins, cartons, aquarelles, pastels, miniatures, vitraux, émaux, porcelaines, faïences. — 5º Architecture.

ARTICLE 4.

Les ouvrages devront être déposés au local de l'Exposition du 10 au 13 mars inclus, de 9 heures du matin à 6 heures du soir. Les ouvrages envoyés à l'Exposition devront être expediés franco à l'adresse suivante : Société des artistes indépendants (en gros caractères), M. Vallon, président, Pavillon de la ville de Paris (Champs-Elysées). Les caisses contenant les œuvres devront êtres fermées par des vis.

ARTICLE 5.

Les sociétaires peuvent exposer dans différentes sections, mais le nombre total des œuvres exposées par chaque artiste ne peut dépasser dix.

Les sociétaires qui auront envoyé à l'Exposition de une à trois œuvres, auront droit absolu, pour une de ces œuvres, à une place sur la cimaise ; de quatre à six œuvres à deux places ; de sept à dix œuvres à trois places.

L'artiste désignera le ou les tableaux qu'il désire voir

sur la cimaise, conformément à l'article 11 du présent règlement.

ARTICLE 6.

Une salle pour les dessins, aquarelles, gravures, lithographies, pastels, etc., sera réservée aux artistes qui voudront les exposer à part. Si le nombre des dessins, etc., envoyés pour la garnir n'étaient pas suffisant, la Commission de placement choisirait un, deux ou trois panneaux dans la dernière salle pour y organiser cette exposition.

ARTICLE 7.

Les mêmes règles seront observées pour cette salle de dessins, aquarelles, etc., que pour les salles consacrées à la peinture.

ARTICLE 8.

Par exception, ne pourront être placées sur la cimaise dans les salles de peinture, les œuvres qui auront plus de 2 m. 20 de largeur ou plus de 1 m. 75 de hauteur; dans la salle des dessins, les œuvres qui auront plus de 1 m. 40 de largeur, ou plus de 1 mètre de haut, à moins que cette œuvre, soit en peinture soit en dessin, etc., soit la seule envoyée par l'exposant.

ARTICLE 9.

Il sera rigoureusement fait droit à la demande de out sociétaire qui aura indiqué sur sa notice qu'il désire le groupement complet des œuvres qu'il aura envoyées, soit peinture, soit dessin, etc.

ARTICLE 10.

Les œuvres de sculpture seront placées au centre des salles.

ARTICLE 11.

Chaque exposant devra faire deux notices à remettre en même temps que les œuvres; l'une pour le Catalogue, où il mentionnera ses nom, prénoms et adresse, d'une façon claire, et les titres des œuvres envoyées. L'autre, où il indiquera en outre avec soin : 1º S'il veut que ses œuvres soient groupées ensemble ou bien séparées; 2º L'œuvre qu'il désire voir placer sur la cimaise, s'il envoie de une à trois œuvres; les deux, s'il envoie de quatre à six; les trois, s'il envoie de sept à dix. — 3º Il indiquera enfin si ces œuvres sont à vendre et le prix demandé.

La Commission de placement, les notices en mains, devra tenir un compte absolu des désirs exprimés, à moins que les œuvres envoyées ne se trouvent dans le cas prévu par l'article 8.

ARTICLE 12.

Le bas d'aucun tableau ne peut être placé au-dessus de deux mètres de la cimaise.

ARTICLE 13.

Ne pourront être présentés : les copies, sauf celles

.reproduisant un ouvrage dans un genre différent, les ouvrages comportant un cadre et qui en seraient dépourvus, les ouvrages d'un artiste décédé depuis plus d'un an, les ouvrages anonymes, les sculptures en terre non cuite, les copies en *fac-simile* de gravures antérieurement exécutées dans un genre différent. — Les cadres non rectangulaires devront être ajustés sur des planches leur donnant cette forme.

ARTICLE 14.

Dès que les ouvrages auront été enregistrés, nul ne sera admis à les retoucher.

ARTICLE 15.

Aucun ouvrage ne pourra être reproduit sans une autorisation écrite par l'auteur.

ARTICLE 16.

Une Commission de placement, composée de neuf membres, sera nommée en Assemblée générale pour procéder à l'organisation de l'Exposition quant au placement des œuvres ; trois suppléants seront également désignés pour remplacer en cas de maladie ou d'impossibilité le membre nommé qui ne pourra remplir son mandat.— Les sculpteurs nommeront leur commission de placement à la même Assemblée générale.

ARTICLE 17.

Les Présidents des Commissions de placement de-

14

vront, dans la première Assemblée générale qui suivra l'Exposition, rendre compte de la façon dont le mandat confié a été rempli et prouver, preuves en main, que les articles du règlement ont été scrupuleusement observés.

ARTICLE 18.

Chaque membre de la Commission de placement prend en acceptant cette fonction l'engagement formel de remplir exactement son mandat et d'y consacrer tout son temps, à moins d'un des cas majeurs prévus par l'article 16. — Les membres de la Commission de placement ne pourront se séparer qu'après le complet achèvement de leurs travaux, qui comprennent : l'accrochage des tableaux, le placement de la sculpture, le numérotage des œuvres, les décisions à inscrire en réponse aux réclamations sur le registre *ad hoc*, et l'exécution de ces décisions s'il y a lieu.

ARTICLE 19.

Un registre, déposé au secrétariat de l'Exposition, recevra les réclamations des exposants, concernant le placement de leurs œuvres ; elles devront être faites dans les quatre jours qui suivront l'ouverture, être exposées clairement, ne se rapporter qu'à un fait personnel, être datées et signées. Toute réclamation formulée en termes inconvenants ne sera pas prise en considération.

Le cinquième jour, les membres de la Commission,

réunis au complet, statuent sur les réclamations, y font droit s'il y a lieu et inscrivent en regard les décisions prises. Le registre est ensuite signé par tous les délégués présents.

Article 20.

Les membres de la Commission sont simplement préposés au placement des œuvres. Le Comité reste chargé des travaux généraux d'organisation (art. 23 des Statuts), sans pouvoir s'immiscer dans les fonctions des membres de la Commission ; le Comité a par conséquent libre accès dans les locaux de l'Exposition qui sont rigoureusement interdits à tous les autres Sociétaires.

Le Président du Comité et les Présidents des Commissions sont chargés de veiller, sous leur responsabilité, à la stricte exécution de cet article du Règlement.

Article 21.

Nul objet ne pourra être retiré avant la clôture de l'Exposition, à moins de circonstances exceptionnelles dont le Comité sera juge.

Article 22.

Les ouvrages exposés devront être retirés de 9 heures du matin à 6 heures du soir, les 28, 29 et 30 avril ; ils ne seront rendus que sur la présentation du récépissé délivré au moment du dépôt des œuvres; passé le délai précité, les ouvrages seront immédiatement envoyés au garde-meuble ; ils cesseront d'être sous la surveillance de la Société ; les frais de transport et de garde seront à la charge des intéressés.

ARTICLE 23.

L'Exposition sera ouverte tous les jours de 9 heures du matin à 6 heures du soir. Le droit d'entrée est fixé ainsi qu'il suit :

Le dimanche, 50 centimes ; les autres jours, 1 franc.

ARTICLE 24.

Tous les élèves des écoles de la ville de Paris pourront, sous la conduite d'un surveillant, être admis gratuitement le jeudi.

ARTICLE 25.

Les Sociétaires entreront sur la présentation de leur carte de Sociétaire. Il leur sera délivré, en outre, trois cartes gratuites valables pour une seule entrée.

ARTICLE 26.

Il sera fait un service de cartes à la Presse.

ARTICLE 27.

Jusqu'à l'ouverture de l'Exposition, les portes seront rigoureusement fermées à toutes les personnes qui n'y seraient pas appelées par suite de leurs fonctions ou d'une convocation spéciale.

ARTICLE 28.

Afin de faciliter la vente des œuvres, un membre du Comité se tiendra au Secrétariat de l'Exposition pour donner aux personnes qui le désireraient les renseignements nécessaires et les mettre en rapport avec les exposants ; un catalogue portant les prix des œuvres à vendre et l'adresse de l'auteur sera déposé au secrétariat, à la disposition des visiteurs ; au livret, ces œuvres seront marquées d'un astérique, ainsi que celles qui sur la notice auraient été marquées à vendre sans indication de prix.

CONDITIONS D'ADMISSION

ARTICLE 29.

Les Sociétaires seuls prennent part à l'Exposition.
Pour être Sociétaire, il faut, aux termes des Statuts:
Signer son adhésion aux Statuts;
Verser les six premiers mois de cotisation ; la cotisation mensuelle est de 1 fr. 25;
Verser également 1 fr. de droit d'adhésion.

ARTICLE 30.

Le droit d'exposition est de 10 fr.; il doit être versé, au plus tard, au moment de la remise des œuvres. Toutefois, les Sociétaires domiciliés en dehors du département de la Seine et de Seine-et-Oise sont dispensés du paiement de cette somme à partir du jour où ils comptent un an de sociétariat.

ARTICLE 31.

Nul artiste ne pourra prendre part à l'Exposition sans avoir exactement rempli les conditions portées aux articles 29 et 30 du présent Règlement (versement des cotisations et des droits d'exposition). Le Comité est responsable de l'exécution du présent article.— Pour chaque versement, il est délivré un reçu par le Trésorier.

Le Président,
VALTON.

SOCIÉTÉ NATIONALE DES BEAUX-ARTS

EXPOSITION DE 1890

RÈGLEMENT

Dispositions générales.

ARTICLE PREMIER.

L'exposition de la Société nationale des Beaux-Arts aura lieu, du 15 mai au 30 juin 1890, au Palais des Beaux-Arts (Champ-de-Mars).

Elle est ouverte aux productions des artistes français et étrangers. — Le nombre des envois n'est pas limité.

ARTICLE 2.

Le dépôt des œuvres aura lieu du 1er au 8 mars, au Champ-de-Mars. — Il ne peut être accordé aucun sursis.

Ne sont admis que les ouvrages qui n'ont pas figuré aux Expositions publiques précédentes.

Les œuvres envoyées seront expédiées franco de port à « M. le Président de la Société nationale des Beaux-Arts, Champ de Mars ».

Les envois devront être accompagnés d'une notice signée par l'artiste, contenant les nom, prénoms, lieu de naissance, adresse, sujets et dimensions.

En cas d'objets perdus ou détériorés, la Société décline toute responsabilité pécuniaire.

ARTICLE 3.

Les ouvrages devront être retirés dans les dix jours qui suivront la fermeture de l'Exposition. — Ils seront délivrés aux artistes sur la remise de leurs récépissés.

Admissions.

ARTICLE 4.

Les fondateurs et sociétaires exposent de droit. — Le nombre de leurs œuvres n'est limité que par les exigences du local.

ARTICLE 5.

Chaque sociétaire, à son tour, est membre de la Commission chargée, avec le bureau de la Délégation, d'examiner, d'admettre ou de rejeter toutes les œuvres envoyées par les artistes français ou étrangers qui ne sont pas sociétaires. — A cet effet, vingt-six noms : quinze peintres, six sculpteurs, trois graveurs et deux architectes seront, avant la fin de février, tirés au sort dans la liste des sociétaires. — Les membres ainsi désignés ne pourront faire partie de cette Commission les années suivantes que lorsque tous les sociétés auront successivement rempli ce rôle.

Cette Commission a mandat d'examiner, d'admettre ou de rejeter toutes les œuvres qui lui sont soumises — de veiller à tous les détails d'aménagement et d'installation de l'Exposition, d'entente avec les personnes dont le concours sera jugé utile.

Un vote à la majorité des voix des membres de la Commission est nécessaire pour l'admission de toute œuvre.

Article 6.

Autant que possible, les tableaux seront placés sur deux rangs seulement dans les salles d'exposition, et, tout en tenant compte de l'aspect général susceptible d'entraîner des modifications, la Commission d'examen peut autoriser le groupement des œuvres d'un même artiste.

Article 7.

A la fin de l'Exposition, la Commission d'examen propose au Bureau le nom des exposants qui lui paraissent dignes du titre d'*associé* ou de *sociétaire*. Ces propositions sont soumises à un vote des sociétaires en Assemblée générale.

ARTICLE 8.

Les fondateurs, sociétaires et tout exposant admis, devront formellement s'engager à ne faire figurer aucune de leurs œuvres dans une Exposition publique d'une autre Société légalement constituée.

SOCIÉTÉ NATIONALE DES BEAUX-ARTS

STATUTS

Dénomination et objet de l'association

ARTICLE PREMIER.

L'association dite « Société nationale des Beaux-Arts » a pour but : 1º D'encourager, par des expositions annuelles, les manifestations artistiques, sous quelque forme qu'elles se présentent, peinture, sculpture, gravure, architecture; 2º de prêter aide et assistance à ses membres par les moyens qui sont en son pouvoir et dans toutes les circonstances où son intervention est jugée nécessaire. Elle a son siège à Paris.

Composition

ARTICLE 2.

La Société se compose : 1º De membres *fonda-*

teurs; 2° de membres *sociétaires;* 3° de membres *associés.* Sont membres *fondateurs* les artistes français qui ont signé les présents statuts. Sont membres *sociétaires* les artistes français ou étrangers qui adhèrent aux présents statuts sur l'invitation des membres fondateurs. Sont membres *associés* les artistes français ou étrangers dont les œuvres auront été admises aux expositions de la Société et qui auront été jugés dignes de ce titre en assemblée générale des sociétaires. Les membres associés peuvent devenir sociétaires s'ils sont jugés dignes de ce titre en assemblée générale des sociétaires. Le nombre des membres sociétaires et associés n'est pas limité.

Article 3.

Le titre de membre d'honneur peut être décerné par les sociétaires, en assemblée générale, aux personnes qui auront rendu des services à l'Art ou à la Société. Ce titre ne confère pas le droit de prendre part aux délibérations des assemblées générales.

Ressources

Article 4.

Les ressources de la Société sont : 1° Une cotisation demandée à chaque sociétaire et membre d'honneur et dont le chiffre, fixé par la délégation, ne peut être inférieur à 20 francs par an; 2° les bénéfices résultant des entrées aux expositione; 3° les dons et legs faits à la

Société ; 4º Ses revenus. Les ressources de la Société sont affectées à l'organisation des expositions, aux acquisitions et dépenses qui en résultent.

Les bénéfices réalisés sont employés :

1º A des achats d'objets d'art qui pourront être offerts aux musées de l'État ; 2º aux encouragements ou secours qui pourront être accordés au nom de la Société ; 3º à la création et à l'accroissement d'un fonds de réserve placé dans une caisse publique.

ARTICLE 5.

Les fonds disponibles sont placés en rentes nominatives 3 0/0 sur l'État, ou en obligations nominatives de chemins de fer, dont le minimum d'intérêt est garanti par l'État.

ARTICLE 6.

Le fonds de réserve comprend : 1º le dixième de l'excédent des ressources annuelles ; 2º la moitié des libéralités autorisées sans emploi. Ce fonds est inaliénable et ses revenus peuvent être affectés aux dépenses courantes.

Administration

ARTICLE 7.

L'administration de la Société est confiée, après élection, à une délégation de membres fondateurs, sociétaires, membres d'honneur. La délégation est élue par les

15

sociétaires, en assemblée générale; le vote sera valable
s'il est émis par la moitié au moins des membres sociétaires, avec une majorité des deux tiers des votants.
Elle se compose de vingt membres au moins et de
trente au plus. Elle choisit parmi ses membres un
bureau compoœé des président, vice-présidents, sociétaires, exclusivement désignés parmi les fondateurs ou
sociétaires, et d'un trésorier. Ce bureau est élu pour un
an. La délégation nommée pour trois ans à partir du
jour de son élection sera renouvelée par tiers tous les
ans. Les membres sortants sont rééligibles. Elle se
réunit tous les deux mois, et exceptionnellement chaque fois qu'elle est convoquée par son président ou sur
la demande du quart de ses membres. La présence de
la moitié au moins des membres délégués est nécessaire pour la validité des délibérations. Le compte-
rendu des séances est analysé dans un procès-verbal
signé du président et d'un secrétaire.

ARTICLE 8.

En cas de vacances, la délégation pourvoit au remplacement de ses membres en appelant à la suite les
membres fondateurs, sociétaires ou membres d'honneur qui ont obtenu le plus de voix lors de l'élection
précédente.

ARTICLE 9.

La délégation prépare et arrête le règlement des expositions, fixe l'ordre du jour des assemblées générales

et demeure investie des pouvoirs les plus étendus pour la gestion des affaires de la Société.

ARTICLE 10.

Les délibérations relatives à l'acceptation des dons et legs, aux échanges d'immeubles, sont soumises à l'approbation du gouvernement.

ARTICLE 11.

Les délibérations relatives aux aliénations, constitutions d'hypothèques, baux à long terme et emprunts, ne sont valables qu'après l'approbation par l'Assemblée générale et le gouvernement.

ARTICLE 12.

Le trésorier représente la Société en justice et dans tous les actes de la vie civile. Il mandate les dépenses sous l'approbation du président. Il prépare le budget annuel des recettes et dépenses de la Société et les soumet à la délégation. Les comptes annuels sont ratifiés en Assemblée générale.

Assemblées générales

ARTICLE 13.

L'Assemblée générale des sociétaires se réunit au moins une fois par an sur communications nominatives. Ses délibérations sont valables si elle réunit au moins la moitié des sociétaires. Si cette condition n'est pas remplie sur une première convocation, l'Assemblée générale, convoquée une seconde fois à quinze jours d'intervalle, délibère valablement, quel que soit le nombre des membres qui la composent. Les délibérations sont prises à la majorité des voix des membres présents, excepté dans les cas prévus aux articles 7, 14, 15 et 16. L'Assemblée générale est présidée par le président de la Société ou l'un des vice-présidents. Il est assisté des secrétaires qui rédigent le procès-verbal. Nul ne peut se faire représenter à l'Assemblée générale par un mandataire. Elle entend les rapports sur la gestion de la Société, sur sa situation financière et morale. Elle approuve les comptes de l'exercice clos, et vote le budget de l'exercice suivant. Le rapport annuel et les comptes sont adressés, chaque année, à tous les sociétaires et au ministre de l'intérieur.

ARTICLE 14.

Les statuts ne peuvent être modifiés que sur la proposition de la délégation de 30 sociétaires soumise au bureau au moins un mois avant la séance. L'Assemblée générale extraordinaire spécialement convoquée à cet effet ne peut modifier les statuts qu'à la majorité des deux tiers des membres présents. L'Assemblée doit se composer de la moitié au moins des sociétaires. La délibération de l'Assemblée est soumise à l'approbation du gouvernement.

ARTICLE 15.

La radiation d'un sociétaire peut être prononcée, sur

le rapport de la délégation et pour motifs graves, par l'Assemblée générale, spécialement convoquée à cet effet, et statuant à la majorité des deux tiers de membres présents.

Dissolution

Article 16.

L'Assemblée générale appelée à se prononcer sur la dissolution de l'association et convoquée spécialement à cet effet doit comprendre au moins la moitié plus un des sociétaires. Ses résolutions sont prises à la majorité des deux tiers des membres présents et soumises à l'approbation du gouvernement.

Article 17.

En cas de dissolution, l'actif de l'association est attribué, par délibération de l'Assemblée générale, soumise à l'approbation du gouvernement, à un ou plusieurs établissements analogues et reconnus d'utilité publique.

TABLE DES NOMS CITÉS

Boilvin.
Boisseau.
Boldilini.
Bonnat.
Bonvin.
Bouchor.
Boudier.
Boudin.
Bouguereau.
Boulanger.
Boullogne.
Boulogne.
Bourdin.
Bourgogne (P.).
Bourguignon.
Boutet de Monvel.
Bracquemond.
Bramtot.
Brandès (Mme).
Breslau (Mlle).
Bretenier (G.).
Breton (J.).
Brodbeck (Mme).
Brown.
Brune.
Brunswick (Mlle).
Buister.
Bunnaud.
Burgers.
Burne.
Burty (P.).
Busson.
Butin.

Cabanel.
Caen (H.).
Caen (Mme de).
Cagniart.
Cain.
Captier.
Carcano.
Carolus Duran.
Carpeaux.
Carrier-Belleuse.

Carrière (Eug.).
Castagnary.
Cavellier.
Cazin.
Chabert.
Chameton.
Champagne.
Champfleury.
Chapu.
Chapuy (A.).
Chasteau.
Chelmonski.
Chennevière (de).
Cheron.
Chesneau.
Chevalier.
Ciardi.
Ciseri.
Claude.
Claus.
Cœylas (H.).
Collin.
Comerre (L.).
Coquart.
Cordonnier.
Cormon.
Corneille.
Corot.
Corroyer.
Cot.
Cotelle.
Courant (M.).
Courbet.
Cournet (F.).
Courtens (F.).
Courtois (G.).
Couturier (L.).

Dagnan-Bouveret.
Dagnaux (A.).
Dalou.
Damoye.
Daumet.
Daumier.

Dauphin.
David.
Debat-Ponsan.
Deblézer.
Debon (Mme).
Degas.
Degeorge.
Delance.
Delaplanche.
Delaunay.
Delbrouck.
Delescluze.
Delort.
De Neuville.
Depré (A.).
Desbois.
Desboutins.
Deschamps.
De Seve.
Des Jardins.
Detaille.
Devès.
De Vuillefroy.
Didier.
Dieudonné.
Dinet.
Diogène.
Doublemard.
Doucet.
Dubois.
Dubois-Pillet.
Dubufe.
Duez.
Duffer.
Dumont.
Dumoulin.
Dupray (P.).
Dupré (J.).
Dupuy.
Durbec (A.).

Edilfelt.
Eynard.

Falguière.
Fallières.
Fantin-Latour.
Fattori.
Fauvel (Ch.).
Ferdinand.
Ferrier (G.).
Ferry (J.).
Feyen-Perrin.
Flameng.
Florian.
Forsberg (Nils).
Fosse (Mme).
Fouquier (A.).
Fournier.
Français.
Francisque.
Frappa.
Frémiet.
Friant.
Friquet.
Froment-Meurice (J.).
Fuzier.

Gagliardini.
Gaillard.
Galbrürmer.
Galerne.
Galignanis.
Galland.
Garnier (Ch.).
Garnier (J.).
Gatines (de).
Gautherin.
Gauthier (Ch.).
Gautier (A.).
Germain.
Gérôme.
Gervex.
Gilbert.
Gill (A.).
Girard.
Girardon.
Girardot.

Glaize (L.).
Gluck.
Godin (Mlle).
Gœneutte.
Gontaut-Biron.
Gros (L.).
Gueldry.
Guétrel.
Guignard.
Guilbert.
Guillaume.
Guillaume (Noémie).
Guillaumet.
Guillemet.

Habot.
Hannoteau.
Harpignies.
Harrison.
Heidbrinck.
Henner.
Henriquel-Dupont.
Héreau (J.).
Hermel (P.).
Hiolle.
Hogborg.
Horasse.
Humbert.
Huot.
Huyot.
Hynais.

Irville.
Iselin.
Israëls.

Jacquet (J.).
Jamefelt.
Jeannin (G.).
Jeanniot.
Jetot.
Jettel.
Jones.
Jourdain.

Jourdeuil.
Jousse.
Julian.
Juste.

Kaempfen.
Krug.

Ladson.
Lagrange.
Laguillermie.
Lalanne.
Lalauze.
Lambert.
Laminoy.
Lançon.
Lansyer.
La Perche-Boyer (de).
Lasserre (L.).
Latouche.
Laugée (D.).
Laurens (J.-P.).
Laurens (Jules).
Lavieille.
Leader.
Le Brun.
Lebrun.
Le Camus.
Le Clerc.
Lecomte du Noüy.
Lecreux.
Ledru-Rollin.
Lefebvre (J.).
Legros.
Lehmann.
Lehongre.
Le Maire.
Lemaire (Mme M.).
Lenoir.
Lepère.
Lépine.
Le Poittevin.
Lerolle.
Leroux (E.)

Le Roux (H,).
Leveillé.
Le Villain.
Lévy (Em.).
Lévy (H.)
Lhermitte.
Lheureux.
Lindeneher.
Linguet.
Liouville.
Lisch.
Lobre.
Loir.
Louis-Philippe.
Louis XIV.
Loustaunau.
Luminais.

Maignan.
Maillart (D.).
Manet.
Manière.
Mans.
Marchal.
Maris.
Markowski.
Marty (A.).
Mathey (P.).
Mathurin-Moreau.
Mauperche.
Maurin.
May.
Mazerolle.
Maziès.
Mégret (Ad.).
Meissonier.
Meissonier (Ch.).
Meissonier fils.
Melchers.
Mercié.
Merson (L.-O.).
Mertens.
Merwart (P.).
Mesdag.

Meunier.
Meyer.
Michelin.
Millet.
Mombur.
Monet (Cl.).
Montagne.
Montenard.
Montte.
Moore.
Morbelli.
Moreau.
Moreau (Math.)
Moreau-Vauthier.
Morice.
Mouilliard.
Moulin (H.).
Moulinet.

Niamberg.
Nicasius.
Nicolle.
Nieuwerkerke (Comte de)
Nittis (de).
Noel (Tony).

Ottin.
Ottin fils.
Otto Bache.
Oudinot (A.).
Oulevay.

Paillet.
Pannamaker.
Paris (C.).
Pascal.
Pelouse.
Perraudeau.
Perret (A.).
Perrin.
Petitjean.
Picaud.
Picchio.
Pille.

Pissano.
Pointelin.
Poitevin.
Polack (M.).
Pothey.
Pottier.
Pranishenkoff.
Protais.
Proust (A.).
Puvis de Chavannes.
Pyat (F.).

Rabou.
Raffaelli.
Raon.
Rapin.
Raulin.
Raymond.
Rebarty.
Régamey (F.).
Reiber.
Renan.
Renoir.
Renouard.
Renouf.
Ribarz.
Ribot.
Richard (M.).
Riester.
Rivey.
Rivoire.
Rixens.
Robert (J.).
Robert-Fleury (Tony).
Rochegrosse.
Rodin.
Roger-Jourdain.
Roll.
Rorhmann.
Rosset-Granger (E.).
Roullet (G.).
Rousseau (J.-J.).
Rousselet.
Roy (Marius).

Roszezench.
Ruprich-Robert.

Sain.
Saintain.
Saint-Pierre.
Salmson.
Sargent.
Sartorio.
Sautai (A.).
Sauzay.
Schœnewerk.
Signac.
Sirouy.
Sisley.
Smith.
Stasse.
Stredswig.
Stella.
Stephen.
Stevens.
Struys (A.).
Szymanowski.

Tanoux (Mme).
Tanzi.
Tattegrain.
Thabar.
Thaulow.
Terka-Jabonowska (Psse).
Testelin.
Thierry-Delanoue.
Thomas.
Tirard.
Tissot.
Toulmouche.
Tournes.
Tournier (E.).
Trichon.
Tridon.
Tristan Lacroix.
Turcan,
Turquet.

Vaillant (E.).
Vaillant (M.).
Valadon.
Valentino (Mlle).
Vallet.
Valton.
Vandremer.
Vandremeule.
Van Marcke.
Vauthier (P.).
Vayson.
Verstraete.
Vermorel.
Vigne (de).
Vignon.

Villeneuve (de).
Vollon.

Waldeck-Rousseau.
Wallet.
Wallon (H.).
Waltner.
Werenskiold.
Weugle.
Willette.

Yon.
Ytasse.

Zakanan.
Zorn.

Maisons-Laffitte. — Imprimerie J. Lucotte.